갈팡질팡
청년의사
성장기

푸른들녘

갈팡질팡 청년의사 성장기

ⓒ 허기영 2018

초판 1쇄	2018년 11월 16일
초판 3쇄	2023년 10월 23일

지은이	허기영

출판책임	박성규	펴낸이	이정원
편집주간	선우미정	펴낸곳	도서출판 들녘
기획이사	이지윤	등록일자	1987년 12월 12일
편집	이동하·이수연·김혜민	등록번호	10-156
디자인	하민우·고유단		
마케팅	전병우	주소	경기도 파주시 회동길 198
경영지원	김은주·나수정	전화	031-955-7385 (마케팅)
제작관리	구법모		031-955-7381 (편집)
물류관리	엄철용	팩스	031-955-7393
		이메일	dulnyouk@dulnyouk.co.kr

ISBN	979-11-5925-369-0 (14370)
	978-89-7527-648-4 (세트)

갈팡질팡
청년의사
성장기

허기영 지음

푸른들녘

"한 명의 의사가 어떻게 만들어지는가." 이 책을 쓰면서 가장 고민했던 문제이자, 이 책의 주제입니다.

의사란 하나의 '직업'입니다. 지금 의사로 활동하고 있는 사람들은 태어날 때부터 의사로 태어나지는 않습니다. 모두가 동일하게 겪는 입시라는 관문을 거쳐, 의과대학에서 공부하고, 의사 면허를 취득하여 병원에서 활동하면서 점점 의사의 정체성을 갖습니다. 그들이 모든 수련을 마치고 사회에 나오면, 그들은 '의료'라는 환경에서 '의사가 아닌 사람들'을 맞아 진료를 합니다.

저는 그 점에 주목하고자 했습니다. 시중에 의사를 다룬 책이나, 의사가 쓴 책들은 많지만, 의사라는 직업인이 만들어지는 과정, 다시 말해 '사회인으로서 의사'를 다룬 책들은 찾아보기 힘듭니다. 의사가 아 닌 사람이 쓴 경우에는, 깊은 곳에 위치한 세부적인 내용을 서술하기 어렵고, 의사로서의 생활을 오래한 의사인 경우 일반인과 괴리되어 균 형 잡힌 관점을 가진 글을 쓰기 어렵습니다.

그래서 이 주제는 이제 막 의사로서 활동하고 있는 제가 쓰기에 가 장 적합하다고 생각했습니다. 지금이 아니면 쓰기 힘들 테지요. 의사가 된 지 이제 몇 년밖에 되지 않은 제가 알 수 있는 것에는 한계가 있지만, 오히려 그 점이 의사가 되어가는 과정을 정확하게 묘사하는 데는 도움 이 될 것입니다.

제가 이 책을 서술하는 관점은 '의사와 의사'가 아닌, '사람과 사람' 의 가운데 어딘가에 있습니다. 어떤 부분은 의사의 시각에서, 어떤 부 분은 의사가 아닌 사람의 시각에서 다루고자 했습니다. 그것은 현재 지 금 제 상태와 큰 차이가 없을지도 모릅니다. 어떤 부분은 아직 미숙한 경험으로 인해 조금 덜 정확할 수도 있고, 어떤 부분은 지나치게 의사 의 이야기를 다루고자 하는 것일 수도 있습니다. 그런 점들은 지금도 열심히 배워가는 의사의 한계라 생각하시어, 너그러이 읽어주시면 감사 하겠습니다.

책 내용은 현실적입니다. 불치병을 치료하는 기적 같은 의료 대신 전날 밤을 새고 짜증을 낼 수밖에 없는 상황이 있습니다. 산더미 같은 학습량을 자랑하는 의대생 대신, 그 안에서 살아남기 위해 발버둥치고 때로는 비정해지는 의대생을 다뤘습니다. 의대생에서 의사에서 의료인으로 커가는 과정이 이 책을 관통하는 주제이며, 그 과정에서 한 사람의 의지보다는 그 사람을 둘러싼 환경을 보여드리기 위해 성실히 묘사했습니다. 이 책이 늘 쉽지 않은 환자와 의사 사이의 의사소통에 조금이라도 기여할 수 있으면 더없이 기쁠 것 같습니다. 감사합니다.

허기영 올림

Part 1   의대

Part 2   의사

Part 3　　**의료**

PART 1

의대 VS

민우는 다 이해한다는 얼굴을 하고 있었지만, 사실 전혀 이해하고 있지 못했다. 그의 얼굴엔 피로가 주룩주룩 흘러내렸고 입에서 흘러나오는 대답은 다소 사무적이었다. 나는 커피를 들이켰고, 쓴 맛이 목을 타고 내려가는 동안 무슨 말을 해야 할까 어려운 고민을 해야만 했다.

우리는 꽤 오랫동안 알고 지내던 친구였다. 입시 점수로 신분을 나누던 학교에서 함께 삼 년을 지냈고, 운 좋게 서울의 명문 대학에 함께 합격했다. 우리가 대학생이라는 삶에 취하던 사이 몇 년이 지나버렸다. 경제학을 전공한 그는 군대에 막 다녀온 참이었고, 나는 의과대학에서 해골에 뚫린 구멍 따위를 외우고 있었다. 그러던 중 우리는 어떻게 연락이 닿아 자주 보던 학교 근처의 한 카페에서 모처럼 만나게 된 것이다.

— 고생 많다며.

우리는 비슷한 이야기를 꺼냈고 서로의 고생거리를 청문회처럼 훑어내기 시작했다. 그는 나에게 공부는 할 만한지, 잠은 좀 자고 다니는지, 술은 얼마나 마시는지, 학점은 잘 주는지 등을 물었다. 그리고 나선 바쁜데 만나러 와주어 고맙다는 식상한 마무리로 말을 맺었다. 그러나 동시에 보이는 그의 얼굴엔 내 공부는 미칠 것 같이 힘들며, 잠은 정말 부족하고, 술은 마실 시간도 없으며, 학점은 너무 짜서 고통스럽다는 무언의 외침이 분명하게 새겨져 있었다.

— 그래도 넌 취직 걱정 없어 좋겠다.

막 군대에서 복학한 그는, 많은 것이 불안하다고 했으며 실제로 그러하였다. 군대 가기 전보다 취업을 위해 필요한 학점이 높아져 술 마시고 놀던 '어린 날의 과오'가 죄스럽다고 했다. 군대에 막 다녀오니 아는 사람도, 정보도 없어 경영 동아리에 가입해야만 했고 경영 동아리의 일과는 상당히 팍팍하다고 했다. 뿐만 아니라 시간이 날 때마다 각종 공모전이나 자격증을 준비하며 소위 '스펙'도 쌓아야 한다고 했다. 그리고 이제 '의사'가 될 너는, 그런 게 전혀 필요 없어 정말 부럽다는 것이 결론이었다.

— 그래도 히포크라테스 선서를 잊지 않는 의사가 되렴.

내가 시험 범위가 많아서 파워포인트 슬라이드 한 번 보기도 힘들다고 하니 그는 내 몸을 맡길 의사가 교과서는 안 보느냐고 하며 웃었다. 또한 우리 사회엔 돈만 밝히는 의사가 너무 많다고 덧붙였다. 내가 허탈한 웃음을 지으며 알았다고 하자, 그는 내게 환자의 마음을 헤아리는 참된 의사가 되어야 한다는 다짐도 받아냈다. 그는 의대 들어갈 때 했던 히포크라테스 선서를 잊지 말라고까지 당부했으나, 차마 히포크라테스 선서를 읽어보기는 했느냐고 말할 수는 없어 알았다고만 했다.

— 그럼 다음에 보자.

그는 삼십 분 뒤에 스터디가 있어 가봐야 했고, 나도 밀린 공부가 있어 시간이 여유롭지 않았다. 우리는 꽤 친근한 대화들을 나누었으나, 결국은 자기 말만 한 것이나 다름 없었다. 그는 나와 꽤 친한 편이었지만, 같은 길을 걷는 느낌은 아니었다. 우리는 평행선 위에서 열심히 앞을 향해 달려가고 있었다. 주섬주섬 짐을 정리해 돌아가는 길에 우리는 앞으로 더 멀어질 것이라는 생각을 지울 수 없었다.

선생님은 왜 의과대학에 지원하셨습니까?

A는 여러 생각이 들었다. 어른들의 권유, 괜찮은 성적, 경제적 안정성 등 이유는 많았으나 차마 그런 '속된' 이유를 면접실에서 말할 수는 없지 않은가. 그런 대답은 곧 '준비하지 않은 자'임을 만천하에 드러내는 것이다. 철저한 준비가 필요한 의대 입시를 위해 A는 크론병이라든지 파킨슨병이라든지 '전문적'으로 보이는 난치병을 준비하여 인류의 오랜 소망을 이루어내겠다는 당찬 포부를 주머니에 넣어왔다. 그러고 나서 이전에 있었던 각종 다른 장래 희망들을 깔끔한 흰 페인트로 칠해 흰 가운을 입은 자신을 상상해낼 수 있었다.

우리 시대 의사들의 탄생

《 의대의 재발견 》

한 명의 의사는 의사 면허 시험을 통해 탄생한다. 대한민국의 어떤 의사라도 의사 면허 시험을 통해 탄생하지 않은 사람은 없다. 그리고 의사 면허 시험을 위해서는 반드시 의과대학을 졸업해야 한다. 제아무리 독학으로 최신의 의학지식을 섭렵하고 천재적인 수술 감각을 갖고 있다 할지라도, 의과대학을 졸업하지 않았다면 대한민국에서는 의사가 될 수 없다. 의사가 되기 위해서 가장 필수적인 것은 의과대학 입학이며, 그것은 의사가 되어가는 길에 놓인 첫 번째 장벽이다.

90년대 후반 IMF 경제위기 이후 직업적 불안정성이 커지면서 의사라는 직업은 재조명받기 시작했다. 많은 사람들이 회사에서 강제로 퇴직당하고 불황의 늪에 빠져 신음할 때, 의사들은 자랑스럽게도 굳건하게 자신의 자리를 지켰다. 파리 목숨처럼 허무하게 직장에서 잘려버린 어른들은 총명함이 보이는 그들의 자식들에게 의대를 권했다.

의사면허가 있는 자는 어딜 가나 생계유지를 할 수 있었고, 정년퇴직까지 버틸 수 있었으며 늘 풍족함을 유지하는 것처럼 보였다.

그 깨달음과 동시에 의과대학의 경쟁률은 가파르게 상승했다. 의사가 되기 위한 필수 조건인 의과대학은 입시의 격전지로 변하며, 입시 판도를 뒤흔들기 시작했다. 심지어 대한민국 사회에 깊이 뿌리박혀버린 학벌 순위마저도 뒤집어버렸다. 명문 국립대의 다른 학과에 합격하고도 다른 대학교의 의대에 진학하는 사례들이 등장하기 시작했다. 그러다 어느 순간에 이르러 의대를 포기하는 사람은 용기 있는 사람으로 기사거리가 되었다.

때마침 '청년실업'이라는 말이 뉴스에 심심찮게 등장했다. 대학만 졸업하면 일자리는 있다는 선배들의 말은 막상 90년대를 넘어 태어난 우리가 대학을 졸업할 때쯤에 통하지 않았다. 대학 시절 내내 술만 퍼마시다 졸업 학년에 지원서를 내니 공기업에 합격했다는 선배의 무용담은 '시대를 잘 타고난 자'의 기만이었다. 힘겨운 청춘들에게 따사로운 위로를 건네던 소위 '힐링' 서적들은 불티나게 팔리다 어느 순간 힐링 대신 '분노'와 '좌절'이 시대의 키워드가 되었다.

시간이 지나자 의대를 좋은 성적만으로도 가기 힘든 시대가 되었다. 교육과정이 바뀌고, 입시가 복잡해지고 자기소개서가 중요해졌다. 왜 의대에 갈 것인가를 진지하게 고민해야 하고, 그것을 보여주어야만 했다. 응당 해야 하는 고민이지만, 더 '근사하게' 해야만 했다. 의대는 이미 그들의 입지가 높아진 것을 알고 있었고, 더 많은 것을 요구하기 시작했다. 점수가 높아 의대에 갔던 선배들은 해마다 새로운 스펙과 특기들로 무장한 후배들을 놀라워하게 되었다.

입시라는 경주의 출발점은 점점 더 앞으로만 움직였다. 입시가 복잡하게 변하기 시작하면서, 입시에 필요한 스펙을 마련하기 쉽고 학교의 명성이 힘이 되는 학교들이 인기를 끌기 시작했다. 입시는 이제 더이상 고등학교에서 시작되는 것이 아니었다. 중학교, 아니 초등학교, 아니면 태어나기 전부터 입시는 시작되었다.

우리 시대 의사들은 입시 전쟁에서 살아남은 훌륭한 생존자들이다. 의대의 재발견이 이루어지고 나서, 의대생은 곧 입시 경쟁의 최정점에 있다는 것을 늘 공유하게 되었다. 가혹한 입시를 뚫고 살아난 자들은 사회에 나와 젊은 의사들이 되었다. 의사와 입시는 더 이상 떼놓고 생각할 수 없는 관계가 된 것이다.

《 명분과 실리 》

의대 입시의 불은 고등학교를 졸업한 성인들에게도 옮겨 붙었다. 학창시절, 적성에 맞지 않는 것을 비롯한 여러 이유로 의대에 가지 않았던 이들에게 고민의 시간이 한 번 주어졌다. 지금은 점점 사라져가는 '의학전문대학원(이하 의전)'이 바로 그것이었다. 취업난은 시시각각 악화되고 있었고, 직업에서 적성보다는 안정성이 중요한 가치로 인식되기 시작했다. 소위 '평생 직업' 의사는 심지어 '돈도 잘 버는' 직업이었다.

의사가 되는 새로운 통로가 생기자 처음에 사람들은 반신반의했다. 평소 의사를 생각했던 이들은 잽싸게 의전에 진학하여 의사의 길을 걸었다. 시간이 좀 더 지나자 박봉과 어두운 미래에 찌들어 있던 이들이 하나둘 씩 그들이 있던 곳을 나와 의전을 고민하기 시작했다. 고등학교 시절 끔찍했던 부모님의 잔소리는 어른이 되어서도 내가 있던 곳을 깎아내리며 경제적 풍요로 등을 떠밀었다.

의과대학 입시처럼 의전 입시도 어느 순간 큰 사업이 되었다.

출산률 감소를 걱정하던 사교육 업체들은 잽싸게 의전 대비를 위한 강좌들을 개설했고, 의전 대비 학원들도 우후죽순 생겨났다. 고등학교 때 끝날 줄 알았던 입시는 이제 대학으로도 연장되어, 의전 입시 분석 카페가 만들어졌고 학교마다 다른 의전 입시를 분석하는 '전문가'들이 나타나기 시작했다.

대학 입시 자체에도 변화가 일었다. 의전 시험을 준비하기 좋은 관련 학과들의 인기가 상승했다. 의학과 관련된 일부 학과들은 소위 '의전을 가기 위한 코스'로 각광받기 시작하면서 인기가 치솟았다. 너무 치열해진 의과대학 입시를 우회해 처음부터 의대 대신 의전을 생각하고 대학 진학을 하는 고등학생들도 많았다.

당연히 해당 과에서는 엄청난 마찰이 발생하였다. 특히 '의전 코스'로 알려진 과들의 교수들은 격노했다. A 학점을 놓치지 않던 학생들이 결국 의전에 진학하는 것을 보며 배신감을 느끼는 사람들이 많았다. 학문의 전당과 취업 준비장이 혼재하게 된 대학에서는 의전 문제를 두고 격렬한 설전이 자주 벌어지곤 하였다. 의전 추천서를 써 주지 않겠다고 으름장을 놓는 교수들도 더러 존재하였다.

처음에는 명분과 실리의 문제였으나, 어느 순간 실리와 실리의 문제가 되었다. 이상과 현실 사이의 고민은 비용과 효율의 문제로 바뀌었다. 장래희망이 대통령이었던 아이들이 9급 공무원이 되어가는 현실에서, 자신의 꿈을 좇는 사람들은 현실은 모르는 자로 낙인찍혔다. 문제는 과연 지금 의사가 되기 위한 준비를 하는 것이 경제적으로 옳은 선택인가, 즉 내가 투자한 것을 회수할 수 있는지로 바뀌기 시작했다. 그런 고민을 할 필요가 없는 사람들만이 명분을 생각할 수 있었다.

시간이 지나자 꽤 많은 성인들이 의과대학에 진학해 있었다. 어떤 대학의 출신들은 의과대학 내에서 동문회를 만들 수 있을 정도의 규모가 되었다. 고등학교에서 의예과 입시를 통해 입학한 자들과 사회에 있다가 의전을 통해 들어온 자들이 한 곳에 공존하게 되며 새로운 분위기가 만들어졌다.

그리고 그들도 의사가 되었다.

갈등이 있던 의과대학도 있었다.

고등학교에서 진입한 학생과 의전을 통해 오는 사람들의 교육과정을 별개로 운영하고, 등록금도 다르게 받는 의과대학도 많았다. 수업하는 공간이 분리된 의과대학에서는 소 닭 보듯 하는 분위기가 형성되기도 하였다. 누가 의예과 출신인지 누가 의전 출신인지를 따지며 서로가 서로를 구별하던 풍조가 생기던 중에, 의전은 폐지되었다.

의과대학 입시는 우리 시대를 반영한다. 근래의 의과대학 입시에서 지원자들은 상당한 과학적 소양을 요구받는다. 수학과 과학은 의과대학 입시에서 요구되는 기본적인 능력이 된 지 오래이며, 일부 전형들에서는 사실상 국제 과학 올림피아드에서 수상한 경력을 요구한 경우도 있었다. 의사 이전에 과학자임을 요구하는 것이다.

그것은 이전의 의사가 요구받았던 소양과는 사뭇 다르다. 환자에 대한 따스한 마음, 열정이 가득한 인류애, 스스로를 희생하는 봉사 정신이 의사의 상징이었던 것을 떠올려본다면, 최근 요구되는 의사상은 다소 다름을 느낄 수 있다. 의대 입시에서 필요한 이성적이고 합리적인 판단, 자연 현상에 대한 풍부한 이해, 과학적·논리적 방법론은 과학자 의사라는 새로운 직업상을 반영한 것이다.

그런 흐름은 비단 의과대학 입시에서만 국한되지는 않는다. 의학전문대학원 입시에서도 상당한 수준의 과학적 소양을 요구했다. 일부 대학에서는 중견 저널에 논문을 등재한 경력에 가산점을 주기도 하며 과학적 소양을 갖춘 지원자들을 우대하였다. 굳이 논문까지는 아니더라도 의학적문대학원 시험에 반영되었던 과목들은 화학과 생명과학과 같은 자연과학 계열이 대부분이었다.

과학자 의사라는 새로운 군상은 따뜻한 손길을 떠올리는 의사의 이미지와 자주 충돌하였다. 흰 가운에 안경을 쓴 의사의 전형적인 모습에 요구되는 것은 차가운 과학자였지만 원하는 것은 따뜻한 의사 선생님이었기 때문에 자주 괴리가 발생했다. 환자를 먼저 생각하는 슈바이처를 기대하던 사람들은 어려운 의학 지식과 난해한 의학 용어를 구사하는 의사들에게 자주 실망하곤 했다.

그런 상황에서 자연스레 '과학을 해야 할 사람들'이 의사가 되어 과학과 무관한 일을 하는 것이 아니냐는 비난도 빗발쳤다. 과학은 경제 발전에 이바지해야 한다는 신념이 가득한 분위기에서, 과학자들이 줄어드는 것은 잠재적인 경제 위기였다. 그런 분위기에서 일부 과학고에서는 의대 진학을 하지 않겠다는 각서까지 쓰게 할 정도였으며, 의대 입시를 준비하는 학생들은 배신자라는 낙인이 찍히기도 했다.

의학은 과학이었지만 과학이 아니기도 했다. '의대 쏠림 현상'은 사회적 문제로 인식되었다. 의학은 '암기의 학문'인데 과학을 해야 할 인재들이 가서 대한민국의 미래가 없다는 식의 기사들이 자주 지면을 뒤덮곤 했다. 특히 노벨상 수상자 발표 기간에는 대한민국 과학의 암울한 전망에 대한 특집 기사들이 우후죽순 지면을 덮었다.

동시에 바이오·의료 산업이 미래 산업이 될 것이라는 이중적 기대도 공존했다. 과거 전자공학을 전공하던 엔지니어들이 그랬듯이, 의료계로 몰린 우수한 인력이 대한민국의 미래를 이끌 수 있지 않을까 하는 기대감도 부풀었다. 경공업-중화학공업-정보산업으로 이어지는 도식에서, 그다음 단계가 '바이오산업'이 될 거라 전망했다. 노벨상에 대한 집착은 한편으로는 질책이었으나, 한편으로는 기대감의 표출이었다.

젊은 의사는 상반된 기대 속에서 태어났다. 의대생은 기대와 비난 사이에서 의사가 됐다. 의과대학과 병원은 과거와 미래 사이에서 끊임없이 변화 중이다. 그 사이 어딘가에 불안한 현재가 의대생과 함께 지나가고 있다.

【 의대 쏠림 현상 】

> "서울대 간판 대신 의대 갈래요"
> …입학 포기 5년간 1700명↑
> 『○○일보』 2017.10.10.
>
> 〈반도체 인력부족 비상〉
> "의대 쏠림현상
> …이공계 인재 처우개선 시급"
> 『○○일보』 2017.08.04.

　　의대 쏠림 현상은 IMF 경제위기 이래 지속적으로 지적되어온 문제이고, 현재진행형인 문제이다.

　　의대 쏠림 현상은 왜 문제가 되는가? 이공계에 가야 할 우수 인력들이 의대로 쏠리고, 그로 인해 대한민국의 산업 발전은 느려진다는 것이 문제의 핵심이다. 그들이 의대에 가지 않고 대한민국의 발전에 기여할 수 있다면 다른 일을 해주는 것이 맞지 않겠냐는 것이다.

　　자세히 살펴보면 그런 주장 이면에는 '우수 인력들은 대한민국의 산업 발전에 기여해야 한다'라는 전제가 깔려 있다. 지하자원 하나 없는 궁핍한 대한민국이 '한강의 기적'을 거쳐 오늘날이 된 것은 오로지 인력으로만 이루어낸 쾌거가 아니던가. 과거에 그랬듯이 현재도 영광은 쭉 지속되어야 할 것이다.

　　그러나 그런 '비결'이 오늘날에도 유효한 것일지는 생각해볼 필요가 있다.

한 개인이 국가의 발전을 위해 봉사해야 한다는 것은 재고의 필요가 있는 주장이다. 고도의 산업화 과정 속에서 많은 것들이 '대의' 하에 존중받지 못했던 것은 올바른 일이 아니다. 직업의 결정은 한 개인의 선택이며, 그 자유는 당연히 존중되어야 한다. 애국심을 갖고 국가의 발전에 기여하는 삶을 살고자 하는 사람도 있을 것이나 현재에 만족하며 안정된 삶을 살고 싶어 하는 개인도 있을 것이다. 그들의 가치관의 옳고 그름을 본인이 아닌 사회가 판단하는 데엔 심도 있는 논의가 필요할 것이다.

의대 쏠림 현상은 독립적인 문제가 아니다. 쏠림 현상은 사회에 만연해 있다. 이공계열 쏠림, 상경계 쏠림, 로스쿨 쏠림, 공무원 쏠림 등 오늘날 수많은 쏠림 현상이 존재하고 있다. 쏠림 현상은 '개인'의 문제라기보다 '사회'의 문제이다. 미래가 불분명하고 소모품이 될 가능성이 높은 사회에서 개인은 그나마 '취업의 가능성이 높거나', '자신의 삶을 유지할 수 있는' 분야를 찾아갈 수밖에 없다. 대학원생들의 경우 처우가 열악한 상황에서 학업 연장을 포기하고 다른 길을 찾는다 해서 이들을 변절자라고 부를 수 없다. 양질의 일자리가 부족해지고 있는 전세계적인 추세에서, 안정적인 일자리는 모두의 관심이다. 근본적인 해결책 없이는 어떤 곳이든 쏠림 현상을 해결하기 어려울 것이다.

마지막으로 현실이 되어버린 의대 쏠림 현상에 대한 대책도 필요하다. 꽤 오랜 기간 동안 의과대학으로 집중된 사람들이 효과적으로 활동할 수 있는 환경을 만드는 것도 필요하다. 오늘날 의학은 주변의 많은 학문과 밀접한 관련이 있고, 의료는 국가적으로 중요한 과제 중의 하나이다. 의학과 의료를 어떻게 바라볼 것인지에 대한 충분한 논의가 필요하다.

의대 건물에 들어선 새내기 의대생은 계급 사회의 흔적을 느낀다. 새내기는 본능적으로 자신이 가장 밑바닥에 있음을 느끼고, 많은 것들이 의무임을 깨닫는다. '편하게 선배들께 인사를 드릴 수 있는 술자리'에서 신입들은 얼마나 있는지도 모르는 선배들의 이름을 암기하고, 인사드릴 것을 권고받는다. 새내기에게 '편하게 참석하지 않을 권리'는 대체로 존재하지 않는다. 그런 것들은 앞으로 맞닥뜨릴 의사 사회의 작은 한 부분이다. 새내기는 선배 위에는 또 선배, 그리고 그 위에도 선배가 있음을 깨닫게 된다.

의대생으로 만들어지기

《 자신의 위치를 확인하기 》

입시 전쟁의 승리에 취해 있던 새내기는 입학과 동시에 자신의 위치를 확인한다. 의사가 되기 위해 최소 4년에서 6년간을 열심히 올라가야 한다는 사실과 동시에, 그들은 수직적인 의대의 가장 아래층에 있다는 사실을 체감한다.

반응은 다양하다. 바닥에 재빠르게 달라붙을 수 있는 생존의 제왕들은 새로운 환경에 순응하며 자신을 빠르게 바꿔나간다. 선배를 만날 수 있는 각종 자리에서 싹싹하면서도 성실해 보이는 모습들로 좋은 인상을 남긴다. 소위 '개념차다'는 표현은 바로 그들을 위한 것이다.

정반대로 여기저기 좌충우돌하며 선배들과 잦은 마찰을 일으키는 새내기도 존재한다. 선배들과 만나는 각종 대면식에 자유로이 불참하고, 선배와의 약속을 손바닥 뒤집듯 깨뜨리기도 한다. 어느 순간 그들은 건방진 후배라 불리며 빠르게 의과대학 전체로 소문이 퍼져나간다.

이런 모습들은 해마다 문제되는 대학의 군대 같은 분위기와 별반 차이는 없다. 대한민국의 관계에 늘 존재하는 위아래 확인의 문화가 의과대학에서 예외일 리는 없다. 다만 의대생은 선배들을 짧게는 4년 길게는 10년 이상 보게 되어 있다는 점과, 소문은 생각보다 빨리 의과대학과 병원 안으로 퍼져나간다는 것이 다를 뿐이다. 누구인지는 모르지만 신입의 위에는 누군가 존재하며, 그들은 늘 신입을 바라보고 있다는 사실은 의대 생활 내내 느끼게 되는 곽곽한 분위기이다.

그런 분위기에서 발언권은 위치에 비례한다. 학년 차이만큼 정보 차이가 존재하며, 가장 정보가 적은 의예과 학생들은 점점 그들의 입이 무거워져감을 느낀다. 일반화학을 배우지만 해부학을 모르는 의예과 학생들은 막 해부학을 끝낸 의학과 1학년 선배들의 무용담을 귀담아 들어야 한다. 물론 의학과 1학년 학생들은 가운을 걸치고 병원 실습을 도는 의학과 3학년들을 우러러 보며, 정보에 의한 위계가 자연스레 뿌리내리게 되는 것이다.

'아직 몰라서 그렇다'는 말은 의대생들이 졸업할 때까지, 아니 의사가 되어서도 계속 듣게 되는 말 중에 하나이다. 난치병을 정복하겠다는 당찬 포부의 고등학생은 그게 무슨 병인지나 아느냐는 사실 확인의 질문에 무력할 뿐이고, 때때로 그들의 꿈은 선배들 앞에서 웃음거리가 되기도 한다.

의과대학은 닫힌 사회다. 대부분이 정해진 수순에 따라 의사가 되며, 예외는 사실상 없다. 한 사람의 인생을 돕기는 어려워도 망치기는 어렵지 않다는 불편한 사실은, 늘 마음에 품고 지내야 하는 금언과 같은 존재다. 한 번 찍힌 낙인은 사라질 때까지 상당한 시간이 걸리며, 그것이 나중에 미래에 어떤 영향을 줄지는 알 수 없다. 서로의 이름을 쉽게 외울 수 있는 '가족 같은 곳'일수록 위계는 치밀하고 소문은 촘촘할지도 모른다.

《 울타리 치기 》

의대생의 인간관계는 빠르게 원뿔처럼 좁아진다. 위아래로 끝없이 펼쳐진 위계와 반대로 활동 반경은 대체로 굉장히 좁다.

가장 먼저 의과대학은 지리적으로 격리된다. 의과대학의 특성상 병원 근처에 위치하게 되다 보니 별도의 캠퍼스가 있는 경우가 많고, 본 캠퍼스와 함께 있다 하더라도 다른 학과의 사람들과 교류하기 어려운 경우가 많다.

다음으로 시간적으로 격리된다. 의과대학의 강좌는 의예과 시절부터 의예과 전용으로 개설되는 경우가 많고, 의학과로 진학하는 순간 다른 학과 사람들은 전혀 볼 수 없다. 게다가 시간이 지날수록 개강은 일러지고 종강은 늦어지면서 다른 학과의 동기들과 교류하는 것이 물리적으로 불가능하게 된다.

자연스럽게 의대생들의 인간관계는 단편적으로 변한다. 늘 보는 것은 같은 의대생 동기들이나 선후배고, 그 외에 원래 알고 지내던 중·

고등학교 동창 정도만 남는다. 애써 다른 학과의 수업을 들으러 혼자 다니거나 다른 모임에 나가기 위해 노력하지 않는 이상 의학과에 진입할 때쯤 의대 사람 말고는 인간관계가 거의 사라진다.

입시 배치표에서 의과대학의 독특한 위치도 알게 모르게 의대생의 마음의 울타리에 기여한다. 배치표상의 점수로 덩어리져 존재하던 인간관계는 공간이 바뀌어도 쉽사리 바뀌지 않는다. 서울권의 명문 대학을 갈 수 있던 점수를 지녔던 의대생이 지방의 의대를 택해 입학했을 때, 소속감은 지방에 있지 않고 의대에 있게 된다. 자연스레 같은 캠퍼스에 다니는 다른 학과의 학생들보다는 다른 먼 곳의 의대생들이 심적으로는 더 가깝게 된다.

설령 그렇지 않더라도 자식의 입시 이야기로 중년기의 성과를 평가하는 품평회에서 올바른 '가치 평가'는 꽤나 강조된다. 서울에 위치한 다른 학과의 대학과 지방의 의대는 자주 저울질되곤 한다. 비교가 일상화된 분위기에서 의대에 입학한 첫 몇 년 간은 입시 성과에 대한 분석이 각종 모임의 화제가 된다. 그 안에서 인간관계는 자연스레 깎여나가는 것이다.

2년은 인간관계가 재구축되기에 충분한 시간이다. 자의 반, 타의 반으로 의대생만의 시공간에 남겨진 그들은, 그것밖에 없음을 느낀다.

캠퍼스 내에서 의대생들은 늘 몰려다니며 자기들끼리만 어울린다. 지난 입시 성적을 과시하며 다른 사람들을 무시하는 듯한 언사를 내뱉는 의대생도 점차 발생한다.

내·외부적으로 고립된 의대생들의 대학 생활은 각자 점차적으로 학년이 올라가며 고착화된다. 폐쇄적인 인간관계는 더 심해지면 심해지지 완화되지는 않는다. 학년이 올라가며 학업 부담이 늘어나는 상황에서는 생존에 치이고, 의대 내에서도 만나는 사람들이 더 줄어들다 언젠가는 자기 자신만 남아 있음을 깨닫게 되는 것이다.

《 동아리 중심 문화 》

의대생의 인간관계에서 빼놓을 수 없는 것이 동아리이다. 비슷한 취미 활동을 공유하는 이들이 모이는 동아리는 의대생에게는 그 이상의 의미를 지니게 된다.

　동아리는 대개 마음이 맞는 동기들과 함께 가입하게 된다. 위아래로 구별된 인간관계에서 그나마 편하게 대화를 나눌 수 있는 것이 동기인 것을 생각해보면 당연한 일이다. 자연스레 동아리에서 이뤄지는 인간관계는 의대생의 많은 부분을 차지하게 된다.

　의대 동아리는 일반적인 대학 동아리와 다소 성격이 다르다. 동아리의 선후배는 다른 선후배들보다 더 많은 시간을 함께할 사람들이다. 동아리에서 함께하는 시간이 길어질수록 인간관계의 강도도 강해진다. 그러다 보니 동아리의 구속력이 다른 학과에 비해 강력하고, 동아리에 투자해야 하는 시간도 상당한 편이다. 예를 들어, 공연을 준비하는 동아리는 한 달 남짓 되는 방학 기간 내내 함께 연습을 해야 하는 경우도 있다. 물론 연습 뒤에는 술자리가 따른다.

　동아리 활동은 꽤나 다양하게 이루어진다. 오케스트라·합창·클래

식 기타·밴드·춤 등의 공연 동아리와 테니스·농구·야구·축구 등 운동 동아리는 대부분의 의과대학에 어느 곳이나 하나씩은 존재한다. 종교 모임 동아리나 의료봉사 동아리도 심심찮게 찾아볼 수 있다. 그 외에도 미술·연극·산악활동 등 다양한 동아리가 있어 대부분의 의대생은 한 개 이상의 동아리에 소속되어 있다.

동아리 생활은 의대생들을 외부와 분리시키는 또 다른 원인이 되기도 한다. 학업량과 스트레스가 증가하는 의학과에 이르면 동아리 외에는 취미 생활이 전무한 경우가 대부분이다. 동아리 생활로 방학을 다보내는 의대생도 상당히 많다. 낮에는 강의, 저녁에는 공부, 주말에는 동아리로 시간이 가득 차다 보면 주변 사람들과 만나는 것 자체가 불가능하게 될 것이다.

한편 동아리는 학교에서 병원으로 이어지는 인맥의 중심이기도 하다. '동아리연'은 '학연', '지연'보다 직접적이다. 서로 이름도 모르는 먼 선후배로 이어진 학연이나 와닿지 않는 지연보다 함께 공연을 하고 경기를 뛰는 동아리 선후배와의 연은 당연히 더 끈끈할 수밖에 없다. 선후배 관계가 오래된 일부 동아리의 경우는 동문회처럼 운영되기도 한다.

특히 의대 생활에 필요한 각종 정보를 공유한다는 점에서 동아리 인맥은 각별하다.

늘 막막하기만 의대 생활에서 각종 요령을 배울 수 있는 곳이 동아리이며, 미래에 대한 고민을 해결할 수 있는 곳도 동아리이다. 특정 과에 어떤 동아리의 구성원이 대거 포진해 있다면, 그 동아리의 힘은 그 과 내에서는 무시할 수 없는 것이 된다.

반면 동아리 활동을 하지 않는 의대생들은 소외되기도 한다. 얼굴을 알고 지내던 사람들도 본과에 가면 서로 자기 공부에 바빠 거의 연락을 하지 못하게 되면서 함께할 사람이 사라지게 된다. 이미 끈끈해진 동아리 구성원들 사이에 새로운 사람이 파고들기는 생각보다 쉽지 않다. 의대 생활에 필요한 요령을 구할 곳이 없다 보니 알게 모르게 피해를 입는 경우도 있다.

동아리 조직이 공고화되면 동아리끼리 갈등이 발생하기도 한다. 동아리 구성원 한두 명의 작은 갈등이 동아리 간 싸움이 되는 경우도 종종 발생하는데, 판이 커지면 의과대학 내가 아닌 병원에서의 마찰이 되는 경우까지 생긴다.

결과적으로 의대생들의 인간관계는 동아리에 작든 크든 영향을 받을 수밖에 없다. 이러한 모습은 단순한 취미 모임 정도로 동아리를 생각하는 외부인들의 관점에서 선뜻 이해하기 어려운 것이다. 동아리 활동 때문에 방학 때 학교에 나가야 한다든지, 동아리의 선배 연락을 위해 먼 병원까지 찾아가야 한다든지 하는 모습은 의대생들이 아닌 사람들이 수긍하기 어려운 경우가 대부분이며, 의대에 있는 독특한 문화 중 하나일 것이다.

【 작은 사회 】

교수→전공의→의대생, 대물림되는
'백색폭력'
「○○일보」 2017.11.07.

'허준 후예'가 각목구타…○○의대생 후배
집단폭행
「○○일보」 2000.05.22.

　　의대 사회는 작고 좁은 사회이다. 한 다리만 걸치면 웬만한 의대생들은 대부분 연결이 가능하다. 인원이 적은 의과대학에서는 예과생부터 본과 4학년까지 서로 이름과 얼굴을 알고 지내는 경우도 많다.

　　의대에 진입하는 순간 끝없이 위아래로 이어지는 위계질서는 상명하복식의 문화와 따로 떼어 생각할 수 없다. 상명하복식의 문화는 오랜 기간 동안 의과대학에서 병원으로까지 이어지는 관습과도 같았다. 때때로 그것은 신체적인 폭력으로 나타나는 경우도 있고, 매스컴에도 자주 오르내린다. 외부 노출이 적은 조직일수록 내부적인 억압 구조에 취약할 수밖에 없다.

　　근본적인 원인은 의사로서의 경력을 쌓아가는 과정에서 우회로가 사실상 없다는 데 있다. 의사 면허를 획득하기 위해서는 그 중간 과정에 낙오가 있어서는 안 된다. 개중에 선배의 평가가 중요하게 작용하는 항목이 있다면 선배의 입김은 매우 중요해진다. 선배와의 관계가 좋은 것은 대체로 문제가 되지 않으나, 선배와의 관계가 틀어지는 경우에는 의사가 되는 것 자체가 어려워질 수도 있다.

신체적 폭력에 대해서는 점점 금기시되고는 있으나, 그 외의 폭력에 대해서는 아직도 개선의 여지가 많다. 예과생-본과생 관계, 학생-의사 관계, 전공의-교수 관계 등 의대와 병원 내에는 사라지지 않는 위계 질서가 여전히 존재하고 거기에 여유 없는 업무가 결합해 있는 구조다. 선배들이 한 것을 그대로 답습하지 않기는 현실적으로 쉽지 않고, 선배의 뜻에 따르지 않는 데에는 대단한 용기가 필요하다.

한편으로는 사람의 생명과 관계된 공부를 하는 것이니 엄격해야 한다는 주장도 있다. 그러나 실제 문제되는 사례들이 과연 그런 이유에서만 발생한 것인지는 의문스럽다.

자유로운 의사소통이 이루어지지 않는 것도 학문적 발전을 가로막는 문제가 된다. 선배의 의견은 강력한 권위를 지니고 있어 반대되는 의견을 개진하기 어려운 상황에서 새로운 시도를 하기는 어렵다. 수업에 대한 질문이 학생의 이해도를 '평가하는 기준'이 되는 상황에서 침묵은 미덕일 뿐이다.

좁은 사회에서 기인하는 문제는 의대생 시절뿐 아니라 직업인으로서 의사 생활을 하는 과정에서도 끊임없이 발생한다. 불미스러운 사건들이 터져 나와 언론을 장식해도, 전반적인 구조가 바뀌지 않는 이상 일시적인 '피곤한 사건' 수준으로 그치는 경우가 대부분이다. 관심이 사라지는 순간 구조는 다시 안정화되고, 문제를 제기했던 사람은 어느 순간 사라진다.

어느 날 동기 한 명이 사라졌다. 모두는 놀랐으나, 놀람의 이유는 다들 달랐다. 가장 걱정스러워 하는 사람은 그의 바로 위 등수의 친구였다. 그가 사라지자 아슬아슬하게 유급의 기로에 있던 그의 위치가 위태로워졌다. 심각하게 그를 찾아야 한다고 주장했으나, 이내 시험이 남은 사람들은 말과 행동이 일치하지는 않았다. 하루는 미래의 의료에 대한 세련된 강의가 있었으나, 학생들이 펴고 있는 것은 꾸깃꾸깃한 병리학 유인물이었다. 애써 명사를 모셔온 교수님은 학생들의 반응이 시큰둥하자 다소 언짢은 표정을 지었으나, 7학점이나 되는 거대한 학점 앞에서 학생들을 막지는 못했다.

생존의 법칙

《 뼈의 구멍 외우기 》

해부학은 본과 시작을 알리는 과목이다. 전통적으로 해부학 실습은 골학이라 부르는 뼈에 대한 공부부터 시작한다. 뼈마디 하나하나 움푹 파이거나 뚫려 있는 구멍들에는 제각기 복잡한 라틴어 이름들이 달려 있다. 익숙지 않은 해부학 용어 하나하나를 머릿속에 열심히 넣고 있노라면 어느새 하루가 저무는 것이 본과 첫 달의 모습이다.

지금까지 암기를 지양하고 논리적인 학습을 추구해왔던 학생들은 수북이 쌓인 암기거리에 한숨을 쉰다. 뼈에 있는 구조물 하나하나에 붙은 이름들엔 나름의 어원들이 있지만, 그런 것들을 연상하고 외우기에는 외울 것이 너무나 많다. 가령 해부학적으로 앞쪽을 나타내는 단어는 anterior, 뒤쪽은 posterior인데 라틴어를 알면 암기에 도움은 되겠지만 결과적으로는 외우지 않으면 알 수가 없다.

해부학을 시작으로 한 의대의 공부는 무한한 암기의 연속이다. 뇌신경이 왜 12개인지는 설명할 수 없으며, 왜 하필 2번 뇌신경의 이름이 시각신경(optic nerve)인지도 추론하기 어렵다. 의과대학 학습의 초반부는 의학 용어를 체화하는 것이나 다름없기 때문에, 영어 단어를 외우듯이 머릿속에 새로운 의학 용어들을 퍼붓고 흘러나오는 걸 다시 집어넣으면서 암기를 지속하는 것이다.

본과의 시간표는 대학교보다는 고등학교의 시간표에 가까우며, 선택권은 거의 존재하지 않는다. 자기가 원하는 과목을 선택하고 골라 듣는 일반적인 대학의 교육 편제와 다르게 의대의 시간표는 획일적이며 모든 과목이 전공 필수로 지정되어 있다. 또한 그 과목 중 하나라도 낙제하면 바로 유급이라는 철퇴를 맞는다. 1년 후배들과 동기가 되어 다시 공부를 해야 하고, 1년의 의대 등록금은 덤이다.

암기과정 하나하나는 시험으로 평가받는다. 그 과정은 상당히 고통스럽다. 글쓰기나 레포트 대신 OMR 펜을 쓰는 객관식 문제가 주를 이루고, 서술형 주관식이라 하더라도 아는 것을 써야 하는 사실 확인형 문제가 주로 출제된다. "뇌신경 12개의 이름을 쓰시오", "빈 칸에 알맞은 구조물의 이름을 쓰시오", "정중신경(median nerve)의 주행 경로를 서술하시오"와 같은 종류의 문제는 의대에서 흔히 볼 수 있는 시험문제이다.

강의 역시 대부분 사실 전달식으로 이루어진다. 교과서 문장과 그림들을 거의 그대로 슬라이드에 가득 채워놓은 파워포인트 슬라이드는 사실상 교과서나 다름없다. 해마다 두께가 늘어나는 교과서는 어느 순간부터 의대생들이 볼 수 없는 물건이 되었다. 매 수업마다 글씨가 빼

곡한 슬라이드가 20-30개 정도 되고, 시험 한 회 분량이 30-40시간 정도이므로 매 시험마다 600개가 넘는 슬라이드를 외우는 것이 의대생들의 주된 일과이다. 당연히 학년이 올라갈수록 슬라이드의 양도 증가한다.

수업 시간은 늘 교수님들의 수업 내용을 받아 적는 타자나 펜 소리로 가득하다. 교수님이 수업 시간에 강조한 부분이나 추가로 설명한 부분을 놓칠세라 열심히 받아 적기 바쁜 상황에서 질문은 사실상 금기에 가깝다. 질문을 할 시간에 하나라도 더 외우는 것이 학점에 이득이 될 때가 많다. 질문이 있더라도 대개 사실 대조에 그치는 경우가 많으며, 그 외의 질문들은 암기에 찌든 의대생들에게 그다지 환영받지는 못한다. 이미 외울 것은 충분히 많기 때문이다.

◀ 사람은 보이지 않는다 ▶

침침한 방에 시신을 스산하게 덮고 있는 백색의 천이 걷히면 해부학 실습이 시작된다. 푸른색 마스크와 흰 가운을 착용한 의대생들의 메스가 시신 위를 지나간다. 그 자리엔 붉은색 피와 꿈틀거리는 근육이 보인다. 그것이 우리가 보통 생각하는 해부학 실습이다.

실제 상황은 다소 다르다. 대낮에 포르말린 냄새 자욱한 방에서 실험복 비슷한 것을 입은 의대생들이 땀을 뻘뻘 흘리는 모습이 좀 더 실제에 가깝다. 시신은 해부학 실습 전에 포르말린으로 부패하지 않도록

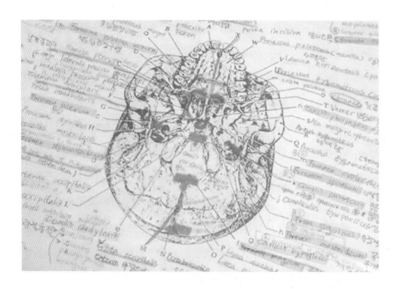

해부학 실습 필기

처리를 해놓다 보니, 실제로 의대생이 접하게 되는 피부와 근육들의 모습은 실제 사람의 느낌과는 큰 차이가 있다. 피는 붉은 색 대신 검은 색이고 피부는 살구색 대신 노란 빛인 것이다.

해부학 실습을 시작하기 전에 많은 의과대학에서는 위령제를 진행한다. 의학 발전을 위해 기꺼이 시신을 기증한 분들에 대한 경의를 표한후, 시신이 있는 실습실로 간다. 해부학 실습을 위한 시신들은 카데바 (cadavar)라고 부른다. 난생 처음 시신을 접한 의대생들은 잔뜩 긴장한 채로 실습에 임하게 된다. 개구리 해부와 같은 동물 해부 실습에서는 느낄 수 없는 신비로운 느낌이 들며, 무딘 메스를 들고 있는 손에는 힘이 바짝 들어간다.

많은 학교에서 해부학 실습은 인체를 부분 부분으로 쪼개어 살펴 보는 방식으로 진행된다. 이러한 방식을 '국소해부학적 접근 방식'이라 하는데 팔/다리의 혈관·신경·근육 등을 해부하고, 몸통, 머리와 목 순 으로 부분 부분 해부하고 진행하는 방식이라고 생각하면 된다. 반대로 '계통해부학적 접근 방식'은 혈관을 모두 살펴보고, 신경을 그다음으로 살펴보고 하는 식인데, 이론 공부를 할 때는 유용하나 막상 해부를 하 면 해부해야 할 범위가 너무 넓어지므로 실습 시에는 적용하기 힘들다. 국소해부학적 접근은 해부학적 지식이 요구되는 수술이나 시술할 때 해당 부위만 관심의 대상이 된다는 것을 생각해볼 때 보다 실제 상황과 가깝다고 할 수 있다.

해부학 실습 때는 보통 해부하는 부위 외의 나머지 부위는 천으로 덮어둔다. 예를 들어 오른팔을 해부한다고 하면 오른팔 외의 부위는 천 으로 덮어 잘 보이지 않게 한다. 학생들은 해부학 강의에서 배웠던 수많 은 구조물들을 하나하나 대조하며 확인해야 하므로 다른 부위에는 신 경쓸 겨를이 없다.

해부학 실습을 한 내용들은 모두 시험으로 평가한다. 일부 학교에 서 해부학 실습 시험은 '땡시'라는 굉장히 기계적인 느낌을 주는 방식으 로 이루어진다. 땡시는 컨베이어 벨트를 생각하면 쉽다. 땡시가 있는 날 이면 전날 해부학 조교들이 시험에 낼 부위들을 모아서 선반 위에 차례 로 올려 둔다. 시험이 시작되면 '땡' 하는 벨소리가 들리고, 첫 번째 학생 이 1번 문제 위치로 이동한다. 학생은 제한 시간 내에(보통 1분 이내) 선 반에 올라온 구조물의 이름을 답안지에 써야 한다. 시간이 지나면 다시 땡 소리가 들리고 첫 번째 학생은 2번 문제로 넘어가고, 두 번째 학생이 1번 문제를 푸는 식으로 컨베이어 벨트가 돌아간다. 선반 위에는 이전에 해부해 두었던 팔이나 다리 등이 몸에서 분리되어 올려져 있다. 땡시에는 상당한 순발력이 요구되고 땡 소리가 상당한 스트레스를 주기 때문에 긴장한 의대생들은 머리가 하얗게 되는 경험을 하기도 한다.

전통적인 해부학 실습 과정에서 의대생들은 자연스럽게 인체의 부분 부분에 집중한다. 사람 전체보다는 팔, 다리, 심장, 소장, 대장과 같이 주요 해부 부위 위주로 하나하나 보며, 해부학 실습서에 있는 구조물 하나하나를 찾아 나서기 바쁘다. 새끼손가락을 움직이는 근육이나 쓸개주머니로 올라가는 혈관이 어디 있는지 찾아 나서기 바쁘다. 사람 대신에 구조물을 찾기에 급급해지고, 그것을 외우는 것은 더 중요한 문제인 것이다.

해부학 실습을 기점으로 의대생은 인체에 대해 배워나간다. 인체의 구조를 배우는 '해부학'과 '조직학', 인체의 기능을 배우는 '생리학'과 '생화학' 등을 통해 정상적인 인체에 대해 배우는 것이다. 시간이 지나면 그 정상적인 구조에 이상이 생겼을 때 나오는 병리적인 상태를 배우고, 그것의 원인에 대해서도 배운다. 개개의 내용을 숙지하는 데 모두 상당한 시간이 필요하고 시험 역시 혹독하다.

그런 혹독한 과정이 의학과 첫 1년을 가득 채우고 나면, 시험에 찌들어 너덜너덜한 기억들만 남는다. 심장 하나 알기도 어려운 의대생들에게 사람을 모두 아는 것은 어려운 일이다. 여러 조직들과 기관, 여러 약물과 미생물이 기억 속에 들어갔다 나왔다 하며 의대 생활은 숨 가쁘게 흘러간다.

의학 공부가 중반에 이르면 병에 걸린 상태의 인체에 대해서 학습한다.
이때부터는 인체를 각 기능을 하는 계통별로 나누어 순환기, 호흡기,
신경계와 같은 식으로 수업이 진행된다.

교시	월	화	수	목	금
1	임상면역학 강의	임상면역학 강의	임상면역학 강의	임상면역학 강의	
2	임상면역학 강의	임상면역학 강의	임상면역학 강의	임상면역학 강의	임상면역학 시험
3	임상면역학 강의	임상면역학 강의	임상면역학 강의	임상면역학 강의	
4	임상면역학 강의	임상면역학 강의	임상면역학 강의	임상면역학 강의	
5	임상면역학 강의	임상면역학 강의	임상면역학 강의	임상면역학 강의	
6	임상면역학 강의	임상면역학 강의	임상면역학 강의	임상면역학 강의	
7					

임상면역학

내과학 강의

소아과학 강의

병리학 강의

...

...

= 3주 60~70강

블록 강의 수업 방식

고전적인 수업 방식은 한 계통의 강의를 주입식으로 연이어 밀어
넣는 식이다. 30시간 정도 강의가 필요한 수업이라면 하루에 6시간씩 5
일 강의를 하고, 그 다음날 시험을 보는 식으로 수업을 진행하는 것이

다. 이러한 수업 방식을 흔히 '블록 강의'라고 부른다. 많은 양을 단시간에 암기하여 시험을 치르는 구조이다 보니, 의대생들은 중요한 것 혹은 곧 시험에 나올 만한 것 위주로 추리고 추려 시험을 본다. 교수님들은 교과서를 읽어야 한다 하지만, 살아남기 위해서 교과서는 사치스럽다. 교과서를 압축한 강의 슬라이드만 해도 보통 글씨가 빽빽한 40슬라이드 정도이다. 70시간 정도 되는 분량의 순환기학이라면 슬라이드 수만 해도 몇 천개가 되는 것이다.

허겁지겁 머릿속에 각종 질병을 넣고 있던 의대생들은 순간 왠지 그런 질병을 하나씩 갖고 있는 느낌이 들기도 한다. 협심증 강의를 듣는 의대생들은 한 번쯤은 가슴이 아팠던 기억을 떠올리며 나도 협심증이 아닐까 하는 생각을 하기도 한다. 기침을 계속하는 동기를 보면 혹시 결핵이 아닐까 의심한다. 오죽하면 '의대생 증후군'이라는 말까지 등장했을까?

보통 의학과 1학년 후반이나 2학년부터 본격적으로 실제 질병을 배우는데, 진단과 치료를 포함하여 질병에 대해서 배우는 것을 흔히 '임상 과목'을 배운다고 표현한다. '임상 과목'은 의대에서 '기초 과목'과 대비되어 쓰는 말로, 실제 환자를 진료하는 것과 관계된 것을 의미한다고 생각하면 될 것이다. '임상적'이라는 표현은 의사들이 흔히 쓰는 말로 실제 환자 진료에서 이루어지는 상황이라는 의미로 해석하면 큰 무리가 없다. '환자의 임상상', '임상적 소견' 등 곳곳에서 자주 쓰는 단어다. 의학과 저학년에 주로 배우는 해부학, 생리학과 같은 과목들은 실제 환자를 진료하는 기반이 되는 학문의 성격이 강하므로 통상 '기초 과목', '기초 의학'이라고 부른다.

임상의학을 배우는 시점에는 각종 질병들의 이름과 함께 질병이 생기는 이유, 질병이 생기면 보이는 증상, 진단법, 치료법 등을 배우게 된다. 이상적인 교육 과정상으로는 1학년 때 배웠던 기초의학적 지식을 바탕으로, 병이 발생하는 원리를 이해하며 공부해야 하겠지만, 워낙 양이 많다 보니 다 기억해내기 어렵다. 결국 다시 머릿속에 새로 주워 담으며 외워야 한다. 그래도 질병을 묘사하는 용어들이 처음 본과에 진입했을 때보다는 많이 익숙해진 상황이라 자기도 모르게 많은 양을 소화하고 있는 것을 느낄 수 있다.

임상의학의 내용들은 보통 다음과 같은 구조를 지니고 있다. 어떤 질병이 있다고 하면, 그 질병이 어떤 사람들에게 자주 발생하는지 배운다. 이를 대개 '역학(疫學)'이라는 항목으로 표현하며(실제의 역학은 보다 넓은 의미이다) '질병 A는 남성에서 여성에서보다 30% 정도 자주 발생하며…'와 같은 방식으로 기술한다.

그다음에는 기관, 조직, 세포 수준에서 어떤 원리로 질병이 발생하는지를 다루는데 그것을 '병태 생리'라고 부른다. 연이어 병에 걸릴 때 발생하는 주 증상, 신체 검진을 했을 때 확인되는 소견들을 다루며, 보다 확실한 증거를 얻어내기 위한 진단 도구들을 소개한다. 진단 도구들은 혈액 검사, 영상 검사 등 다양한 종류가 있고, 의학이 발전할수록 내용이 추가된다. 진단 뒤에는 치료법을 다루고, 마지막으로는 병에 걸린 사람들이 앞으로 어떻게 될 것인지 '예후'에 대해 다루게 된다. 천식을 예로 들자면 아래와 같은 내용으로 요약할 수 있다.

천식 (asthma)	
역학	알레르기 가족력이 있으면 발생하기 쉬움
병태생리	기도 과민성
진단	
증상	호흡곤란, 기침, 천명(wheezing)
신체검진	천명음(wheezing sound)
폐기능 검사	기류폐쇄의 가역성(FEV1 ≥ 12% and ≥ 200mL) 기류폐쇄의 변이성
영상 검사	Hyperinflation 소견이 보일 수 있음
치료	
약물 치료	Bronchodilators, Corticosteroids, Leukotriene modifier

임상의학 학습 구조의 간략한 예시

◀ 중간만 가도 성공이다 ▶

그렇다면 무지막지한 학습량을 의대생들은 어떻게 견뎌내는 것일까? 아무리 입시 성적이 좋고 학습 능력이 뛰어난 의대생이라 할지라도 짧은 기간 내에 교과서를 통째로 외우는 것은 어렵지 않을까? 교과서까지 갈 것도 없고 방대한 강의 슬라이드만 봐도 결코 만만치 않은 정도인데 그 비결은 무엇일까?

살아남기 위해서는 공부를 시험에 나오는 것으로 한정시키는 것이

최우선이다. 다른 전공을 가지고 있다 의대에 온 사람들이 가장 적응하기 어려워하는 것 중 하나가 마음을 비우는 것이다. 의학을 공부하다 보면 흥미로워 보이는 부분이 많고 근본 원리를 찾아 가고 싶을 때가 많다. 그러나 그렇게 공부하다 보면 시험에 나올 것을 다 공부하지 못하게 되어 시험 성적이 좋게 나올 가능성이 낮아진다. 의대의 시험 성적은 대부분 의대생 내에서 상대평가로 이루어지기 때문에 좋든 싫든 시험에 치중된 공부를 하지 않으면 생존이 매우 어렵다.

전통적으로 의대에는 암기를 위한 각종 비책들이 존재한다. 첫 글자 따서 외우기는 고전적인 방법 중 하나다. 외설적인 내용이니 욕과 같이 말초 신경을 자극하는 스토리를 만들어 암기를 하는 것도 생존을 위해 때때로 필요하다. 각종 기호나 약자를 만들어 외우는 것도 훌륭한 비책이다. 물론 개중에 일부 학생들은 책을 머릿속에 사진 찍듯이 넣을 수 있는 뛰어난 능력을 지녀 그런 수고를 할 필요가 없는 경우도 있으나 극소수다. 대부분은 암기할 거리를 정리해서 자기 나름의 방식대로 어떻게든 외우기 위해 발버둥친다. 그렇게 단기간에 외운 지식들은 시험이 끝나면 머릿속에서 빠르게 증발한다.

사실 외우는 것도 중요하지만 더 중요한 것은 무엇을 외울지 정확히 집어내는 능력이다. 학점이 잘 나오는 학생들은 잘 외우기도 하지만, 시험에 나올 만한 것들을 추려내는 능력이 뛰어난 경우가 많다. 결국 의대에서 수업을 열심히 듣게 되는 이유도 시험에 나올 만한 것들에 별표를 그리고 밑줄을 그어야 하는 것이나 다름없다.

가장 중요한 것은 '족보(또는 야마)'라 불리는 기출문제를 꼼꼼하게 공부하고 외우는 것이다. 족보는 과거에는 일부 기억력 좋은 사람들이 시험이 끝나고 문제를 복원해오는 식으로 음성적으로 구전되어 내려오곤 했다. 그러다 보니 잘못된 내용이 내려와 몇 년간 오답을 쓰게 되는 경우도 있고, 족보를 가진 자와 그렇지 못한 자의 갈등이 심해지기도 하는 등 문제가 발생하여 최근에는 시험문제와 정답을 공개하여 공부하도록 독려하는 학교가 많다.

족보에 나온 것은 대체로 중요한 내용들이다. 방대한 학습 내용들 사이에서 의사로서 알아야 할 핵심을 추린 것이 족보이고, 그렇기 때문에 해마다 비슷한 내용이 시험에 나올 수밖에 없다. 물론 족보만 보고 공부하면 진급이 위험하다. 족보는 시험을 위한 최소한의 공부 정도에 가깝다.

족보 문화에 대해서 의대생이 아닌 사람들은 의아하게 생각하는 경우가 많다. 생명을 다루는 직업인데 가급적 많이 알아야 도움이 되지 않느냐는 것이다. 맞는 말이지만 의학 지식은 날로 방대해져 가고 짧은 시간에 많은 양을 공부해야 하기 때문에 모든 것을 한 번에 다 알고 지나가기는 현실적으로 불가능하다. 오히려 학생 때는 실제 진료에 필요한 내용을 정확히 아는 것이 더 중요하고, 그것이 바로 족보인 것이다. 컴퓨터가 아닌 이상 한 달 동안 몇 천 페이지가 되는 교과서를 정확히 아는 것은 어려우며, 설령 외운다 하더라도 바로 환자 진료에 사용할 수는 없다. 환자 진료를 위해서는 이론적 지식뿐만 아니라 충분한 경험이 필요하기 때문이다.

필기를 공유하는 문화도 꽤 독특한 문화 중 하나이다. 의대의 공부는 정확한 암기를 요구하는 것이 많기 때문에 모든 것을 받아적는 식의 필기가 필요하다. 예로부터 필기 달인의 필기를 복사실에서 구해 공부하는 일들은 흔하게 이루어졌고, 최근에는 전자 도구 등을 이용해서 필기를 파일로 만들어 공유하기도 한다. 매 시간 필기 담당자를 정하고 나중에 필기를 수합하여 공유하는 제도를 도입하는 곳도 있다. 의대에서는 모두가 경쟁자이기도 하지만 한편으로는 동업자가 될 사람들이기도 하므로, 모두가 함께 생존하자는 생각이 독특한 문화를 만들어낸 것이다.

《 만인의 만인에 대한 투쟁 》

그러나 의대에서는 결국 모두는 경쟁자라는 인식이 몸과 마음을 옥죈다. 고등학교 시절 치열했던 입시 경쟁의 연장선상에서 의과대학 생활이 그대로 반복된다. 모두가 같은 수업을 듣고, 그 안에서 등수를 나눠 하위권 학생은 낙오되는 것이 냉혹한 의대의 모습이다. 고등학교 시절 반에서 최상위권을 놓치지 않았던 학생들은 무자비한 의대 생활에서 엄청난 정신적 고통을 받지 않을 수 없다.

많은 의대생들은 첫 해부학 성적을 보고 충격을 받는다. 일부는 늘 받던 우수한 등수를 받았겠지만, 일부는 지금껏 받아 보지 못한 등수를 받는다. 공부가 적성에 맞지 않아서, 또는 열심히 했음에도 신통치 않은 등수를 보며 의대생들은 극심한 열패감을 맛본다. 많은 의대생들이 시달리는 만성적 우울감이 여기서 시작된다.

의대 성적은 나중에 병원에 입사하여 과를 결정할 때 중요하게 작용할 수 있다. 해마다 바뀌기는 하지만 소위 '인기 과'가 존재하고, 인기 과가 아니더라도 나중에 자신이 원하는 과를 가려면 성적을 잘 받아야 한다는 압박감이 본과에 진입하자마자 온몸을 짓누른다. 하지만 모두가 같은 생각을 하고 있기 때문에, 열심히 공부해도 끽해야 현상 유지를 하는 상황들이 지속된다.

시험 기간이 다가오면 분위기는 살벌해진다. 같이 함께 가자는 분위기와 "너를 눌러야 내 등수가 올라간다"는 무한경쟁의 분위기가 미묘하게 공존한다. 그동안 너무나 우수한 성적을 거둬왔던 사람들이기에, 모든 실패는 개인의 능력에 달려 있다는 사고가 주를 이룬다. 그러다 보니 의대 공부를 견디지 못하고 이탈하거나, 하위권으로 쳐지는 동기들에 대해 안타까움과 안도감, 우월감 등이 불편하게 혼재한다.

실제로 많은 의대생들이 성적 문제로 심한 스트레스를 받으며, 종종 자살을 시도하기도 한다. 우리나라뿐 아니라 해외 의대에서도 공통적으로 발견되는 현상이다. 원인 중 하나로 의대의 경쟁 위주식 구조가 공통적으로 지적되었다. 실제로 일부 의대생들은 우울증으로 교내 상담센터를 찾고 있으며, 학습부진과 휴학으로 이어지기도 한다.

의대는 낙오자에게는 더없이 가혹한 곳이다. 낙제를 하는 순간 함께하던 동기들과의 관계가 모두 사라진다. 주변 사람들은 늘 우수했던 그들의 실패를 잘 이해하지 못한다. 위로를 받으러 찾아 간 친구들은 그래도 의사가 될 것이니 무엇이 걱정이냐는 이야기만 한다. 학교에 나오지 않아도 찾는 사람이 없고 존재조차 잊힐 때가 많다. 모르는 것이 있어도 물어볼 사람이 없으니 계속 겉돌게 되는 악순환이 발생한다.

살아남은 의대생도 생존을 위해 고군분투하는 과정에서 자연스레

개인주의적인 사고가 자리 잡는 경우가 많다. 지금까지 버텨온 것은 그만큼 노력을 해왔기 때문이라는 생각이 드는 것이다. 의대생 시절부터 겪는 무한 경쟁 분위기가 의사로서의 한 정체성을 형성하는 것이다.

【 의과대학의 시험 】

◆ 다음은 앞가쪽배벽(anteolateral abdominal wall)과 관련된 혈관들
이다. 아래의 질문에 답하시오. (각 1점)

　　　　a) Common carotid a.(온목동맥)
　　　　b) Subcostal a.(갈비밑동맥)
　　　　c) Vertebral a.(척추동맥)
　　　　d) Supf. epigastric a.(얕은배벽동맥)
　　　　e) Subclavian a.(빗장밑동맥)
　　　　f) Axillary a.(겨드랑동맥)
　　　　g) Post. intercostal a.(뒤갈비사이동맥)
　　　　h) Musculophrenic a.(근육가로막동맥)
　　　　i) Deep iliac circumflex a.(깊은엉덩휘돌이동맥)
　　　　j) Sup. epigastric a.(위배벽동맥)
　　　　k) Inf. epigastric a.(아래배벽동맥)
　　　　l) Lumbar a.(허리동맥)

1. 앞가쪽배벽의 위쪽에서 배꼽(umbilicus)을 향하여 혈액을 공급하는
　 동맥 2개를 고르시오.

2. 의사의 역할에 대한 서양 격언이다. 빈칸에 적절한 단어를 기술하시
　 오. (각 0.5점)

　　　　To (　　　) sometimes
　　　　To (　　　) often
　　　　To (　　　) always

3. Brachial plexus를 그리시오. (2점)

의과대학의 시험은 철저하게 사실을 정확하게 알고 있는지를 평가한다. 그렇기 때문에 많은 양의 문제를 빠르게 채점하기 위해서 객관식 문제가 많이 출제되는 편이며, 주관식 문제라 할지라도 빈칸 채우기 식의 문제가 대부분이다.

처음 의과대학 시험지를 받아 본 학생들은 충격을 받는다. 고등학교 시절 봤던 시험지와 큰 차이가 없기 때문이다. 4지선다형 문제, 빈칸 채우기 문제, 참/거짓 문제 등 서술형 문제 등 대학에서 보리라 생각하지 못한 유형의 문제들이 가득하다. 간혹 나오는 서술형 문제도 그림을 통째로 그려야 하는 식으로 생각보다는 기억을 정확하게 하고 있는지를 묻는 것이 대부분이다.

이런 스타일의 시험에서 우수한 성적을 내기 위해서는 농담까지 받아 적는 식으로 시험에 나올 내용들을 샅샅이 기록해둔 뒤, 여러 번 암기하는 수밖에 없다. 자연스럽게 시험에 나오지 않을 만한 것들은 관심을 가질 수 없게 된다. 시험에 나올 문제에 집중하지 못하는 순간 유급에 가까워질 가능성이 높다.

흥미로운 점은 의대생들은 늘 이런 유형의 사실 암기에 염증을 느끼면서도, 막상 의견을 쓰거나 보고서를 쓰는 식의 과제가 나오는 경우에도 거부감을 느낀다는 점이다. 의견을 자유롭게 쓰는 시험에서도 '정답'을 찾기 위해 노력하며, 보고서는 선배로부터 내려오는 형식을 답습하며 무난하게 쓰는 것을 미덕으로 삼는다. 그렇게 생각이 사라지는 것이 의과대학의 흔한 공부 방식인 것이다.

모형 팔의 혈관은 이제 너덜너덜해져간다. 보기만 해도 고속도로처럼 곧았던 튼튼한 고무 혈관은 이제는 수십 명의 의대생들이 찔렀던 바늘 자국들로 가득하다. 십 분간 쉴 새 없이 면담하던 의사고시 준비실은 이제 썰렁해졌다.

긴 가운을 입고 무언가 어설픈 모습을 냈던 그들은 이제 곧 의사가 될 것이다. 모형 팔에 수십 번씩은 바늘을 꽂아봤으나, 실제 사람의 팔은 생각보다 익숙하지 않을 것이다. 이제는 돈을 내고 학교에 다니던 학생에서, 돈을 받고 병원에서 근무하는 사회인이 되어가는 것이다. 칼로 싹둑 잘라버린 것처럼 인생의 한 마디가 끊어진 그들은 내일부터 의사로서의 첫 하루를 보내게 될 것이다.

학생과 의사 사이에서

지식을 꾸겨 넣기 바쁘던 의대생들은 어느덧 흰 가운을 받는다. 처음 입는 의사 가운과 반짝반짝한 새 청진기에 그들은 의대에 온 것을 비로소 절감한다.

의대생들은 의과대학에 들어온 지 몇 년이 된 지금에서야 처음으로 병원 문을 밟은 것이다. 그들은 여러 호칭으로 불린다. '학생 의사', '학생 선생님', 때로는 '폴리클' 또는 'PK' 등이 병원에서 그들을 부르는 이름들이다. 흰 가운을 입고, 청진기를 목에 두르고 다니는 그들을 의사로 착각하는 사람들도 더러 있으나, 지나치게 깨끗하고 어딘가 어설픈 모습을 보면 단박에 그들이 실습을 나온 학생임을 알 수 있다.

의대 실습생의 위치는 학생과 의사 중간의 애매한 곳에 있다. 강의를 듣고, 시험을 치고, 대학 등록금을 내고 다니는 것은 학생의 영역에서 일어나는 일이나, 가운을 입고 병원에 출근하며, 환자를 문진하고 수술방에서 수술을 참관하고 때로는 일을 돕는 것은 머지않아 맞게 될 의사로서 영역의 일부인 것이다.

우리나라의 의과대학 과정에서 대체로 저학년 시기에는 이론 교육을 진행하다가, 3학년 정도에 이르러 병원에서 처음 실습을 한다. 병원 실습은 여러 과를 정해진 기간 동안 돌며 그 과에서 제공하는 교육을 받는 식으로 이루어진다. 내과와 같이 규모가 큰 과는 오랜 기간 실습을 하나 할당된 시간이 상대적으로 적은 과도 많아 일주일이나 짧게는 며칠 실습하고 끝나는 경우도 더러 있다. 의학과 3학년 때는 주로 내과, 외과, 산부인과, 소아과 등을 돌게 되는데, 이들 과는 환자들의 생명과 직결되는 의료 행위를 하는 경우가 많아 병원 내에서는 흔히 '바이탈(Vital) 과' 또는 '메이저(Major) 과'라고 부르기도 한다.

큰 기대를 하고 간 학생들은 생각보다 다른 환경에 당황한다. 분주히 돌아가는 병원 상황에서 잘 기억나지도 않는 약간의 지식 정도만 갖고 있는 의대생은 무언가 어울리지 않는 물건과 같은 느낌을 받는다. 병원 지리도 익숙지 않고 사람도 익숙지 않다. 학생 한 사람 한 사람을 챙겨줄 여유 인력은 대체로 바쁜 병원에 없는 경우가 많다. 학생들은 어디선가 무엇을 배우게 되기는 하나 그때 그때 상황에 따라 달라진다.

학생들이 대체로 하게 되는 것 중에 환자 '케이스 발표'가 있다. 교수가 환자를 지정해주면 직접 가서 환자의 병력을 파악하고 기록을 작성해 발표하는 식이다. 원칙적으로는 환자가 처음 병원에 왔을 때의 증상을 가지고 예상 진단을 작성하고 신체 검진 등을 하는 식으로 진행하는 게 옳다. 그러나 실습을 주로 하게 되는 대학병원의 특성상, 이미 진단이 난 채로 입원한 경우가 많아 진단이 난 것을 재확인하는 식으로 진행되는 경우가 허다하다. 임상 경험이 부족한 의대생들의 경우 자주 접할 수 있는 질환들을 스스로 파악할 수 있게 실습을 해야 한다. 그러나 막상 병원에 온 환자들은 면담과 신체 검진만으로는 확인이 어려운 암이나 다른 질환들이 함께 있는 경우가 많다. 그러다 보니 진단하는 방식 등이 익숙하지 않은 채로 실습 기간이 흘러가는 경우가 자주 발생한다.

한편 실습생들은 병원에서 선배 의사들의 지도 하에 각종 임상 술기를 해볼 기회를 갖기도 한다. 임상 술기들이란, 병원에서 하는 처치들로 채혈이나 심전도 찍기, 소변줄 삽입 등과 같은 일들이 그에 해당한다. 학교에 따라서 학생들에게 감독 하에 술기를 많이 시키는 경우도 있으나, 여러 이유로 학생들에게는 참관만 시키고 대신 모형에 연습하게 하는 경우도 많다.

그렇게나마 병원 체험을 하는 것은 의대생들에게는 꽤 큰 경험이 된다. 막연히 배우기만 했던 질병들에 걸린 환자들을 직접 보고, 어떤 과정을 거쳐 치료받고 있는지를 체험하는 것은 몸에 남는 지식이 된다. 따로 따로 장기별로 나누어져 머릿속 어디엔가 보관되어 있던 지식을 한 번씩 꺼내 본다는 느낌을 받으며, 이 시기에 소위 '임상'이라고 불리는 실제 환자를 보는 과정에 대한 인상을 강하게 받는 것이다.

최근에는 병원에서 실습을 통해 얻기 어려운 면담 지식과 기술들을 교육하기 위해 환자 모형과 표준화 환자를 이용한 실습이 도입되었다. 병원 실습에 수동적으로 임하다 갑자기 의사가 되어 병원에 투입되는 상황을 최소화하기 위해 충분히 모의 연습을 해보는 것이다.

채혈과 같이 환자에게 해가 될 수 있는 의료 행위(술기)들은 환자에게 행하기에 앞서 모형을 통해 올바른 과정을 익혀가는 것이 필요하다. 환자 모형은 채혈을 할 수 있는 팔 모형, 심폐소생술 모형, 상처를 봉합하는 모형 등 병원에서 하는 많은 술기들에 대해 다양한 모형들이 제작

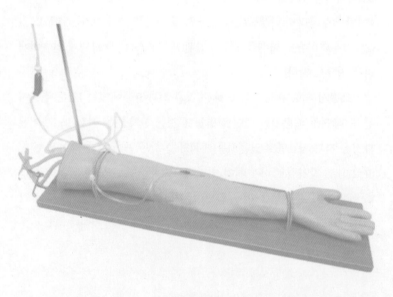

혈관주사를 위한 모형 팔 모습

되고 있다. 기술적인 문제로 실제 사람과는 많은 차이가 있으나, 눈으로만 보는 것보다는 실제에 훨씬 가깝다는 점에서 교육적으로 널리 활용된다. 환자 모형을 대상으로 직접 술기를 시행하는 것은 의사 국가고시 항목으로 지정되어 있어 학생들은 병원 실습과 함께 환자 모형을 통한 연습을 꽤 자주 수행한다.

한편 병원의 구조적 문제로 병원에서 실제로 수행하기 힘든 환자 진찰도 모의 환자를 이용한 실습으로 보완하고 있다. 실제 현장에서 접할 수 있는 흔한 증상들을 주제로 선정해두고, 각 증상별로 의대생들이 직접 진단을 해가는 과정으로 구성된다. 환자 역할은 훈련된 전문 연기자들이 수행하며, 이들은 흔히 표준화 환자(standardized patient)라고 부른다. 표준화 환자들은 각 증상별로 해당되는 질병에 대한 상세한 대본들을 숙지하고 의대생들의 질문에 정해진 방식대로 답한다. 예를 들면, 충수돌기염 환자를 연기하는 사람들은 오른쪽 아랫배가 아프다는 증상을 숙지하고 있다가, 면담하는 의대생이 어느 쪽 배가 아프냐는 질문에 오른쪽 아랫배를 가리키는 식으로 반응하는 것이다.

모의 환자 실습은 늘 문제가 되고 있는 환자를 대하는 의사의 태도를 개선하고자 하는 취지도 반영되어 있다. 표준화 환자 실습에서 중요한 요소 중 하나는 '환자-의사 관계'로, 의대생들이 적절한 방식으로 환자를 대하고 있는지를 평가하는 요소이다. 환자의 말을 가로막고 질문만 쏟아내는 의대생들은 좋은 점수를 받기 어려우며, 환자가 고통을 호소할 때 그에 따른 적절한 반응을 취하지 않는 것도 감점 요인이 될 수 있다. 다소 인위적인 느낌도 들지만, 지식은 많으나 환자를 대하는 것이 어려운 의대생들이 훈련할 수 있는 기회로도 작용한다.

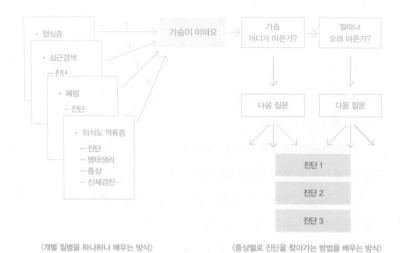

<개별 질병을 하나하나 배우는 방식>　　　　　<증상별로 진단을 찾아가는 방법을 배우는 방식>

질병을 배워가는 두 가지 방식

　　표준화 환자 실습은 이전에 배운 지식들을 다시 정리하는 시간이
되기도 한다. 이전의 학습은 개별 질병에 대해 세세한 항목들을 암기하
는 식으로, 막상 환자를 볼 때 배운 것이 떠오르지 않거나 헤매는 경우
가 허다하다. 그러나 모의 환자 실습은 환자의 주된 증상에서 진단을
하나하나 찾아나가는 방식의 학습이 요구되기 때문에 실제 환자를 볼
때도 같은 방식으로 진행할 수 있어 큰 도움이 된다.

　　이러한 모의 환자를 면담하는 것을 연습하다 보면 어떤 항목을 질
문하는 것이 필요하고 거기서 어떤 질병을 생각해낼 수 있는지 실제 환
자 진료의 과정과 유사한 방식의 사고를 한다. 대개 환자 실습은 10분
내에 모든 과정을 끝내야 하는데 처음 연습할 때에는 짧게 느껴지지만,

훈련하다 보면 나중에는 비교적 효율적으로 시간을 쓴다. 짧아 보일 수 있는 시간이지만 통상적인 병원에서 진료를 보는 시간이 1-2분 남짓이라는 것을 생각하면 결코 적지만은 않은 시간이다. 오히려 10분으로 시간을 한정함으로써 핵심적인 단서들을 빠르게 확인해가는 것을 연습할 수 있다.

이런 모의 실습들은 점차 강화되고 있으며, 최근에는 증강현실이나 가상현실을 이용하여 실전과 더욱 가깝게 하려는 노력도 진행되고 있다. 실제 환자들을 보는 것만큼 좋은 교육은 없겠지만 이론 위주의 암기에서 실전과 접목한 교육으로 나아가는 것이 현재 의학 교육이 이루고자 하는 바다.

《 짱돌과 조직 생활 》

한편 병원 실습은 조직 생활의 첫 시작이다. 늘 혼자 공부하여 시험 점수를 내오던 의대생들이 사실상 처음으로 팀을 이루어 다니는 기간이며, 병원이라는 거대한 조직에 일부로서 행동해야 하는 시기이다.

병원에서 실습생들의 위치는 정식 직원은 아니지만, 장차 근무할 직원이 될 예정이므로 미묘한 상태에 있다. 학생이라는 측면에서 충분한 교육 기회를 제공받을 권리가 있으나, 한편으로 병원의 조직에 자연스럽게 융화되어야 한다는 의무도 있다. 의대생들이 흰 가운을 입고 정장 차림으로 다닐 것을 요구받는 것도 병원이라는 조직의 특성과도 무관하지 않다.

이러한 병원 조직에 들어가는 의대생들은 암암리에 주변 사람들의 평가를 받는다. 의대 및 병원 사회는 좁은 사회로, 몇몇 다리만 걸치면 웬만한 의대생들은 파악이 가능한 구조에 있다. 그렇기 때문에 실습에 임하는 의대생들의 태도나 언행들이 알게 모르게 평판을 구성하게 되는 것이다. 대부분의 경우 병원 의사들과의 접점이 많지 않아 큰 사건 없이 넘어가지만, 때때로 마찰을 빚어 '블랙리스트'에 오르는 경우도 종종 발생한다.

그런 학생들은 어느 순간 같이 실습을 도는 학생들이나 선배 의사들에게 이름이 오르내리고, '짱돌'이라든지 하는 불명예스러운 호칭을 받는다. 그러한 평판 평가는 부지불식간에 이루어지며, 한 번 낙인이 찍히는 순간 실습하는 동기들에게 퍼진다. 특히 실습조에 대한 태도 평가가 있는 곳에서는 '짱돌'들은 조원들의 집중 관심 대상이 되기도 한다.

실습 과정에서 평소에 접점이 없던 동기들과의 다양한 관계가 발생한다. 평소에 잘 알고 지내지 못했던 동기에 대해서 동료로서 평가하는 것이다. 그 과정에서 잘 알지 못했던 동기들의 '본모습'들을 확인하면서 동기간의 관계가 나빠지는 경우가 자주 발생하며, 언쟁이나 다툼이 발생하는 경우도 많다.

조직 생활이 지속되면서 의대생들은 원만하게 다듬어진다. 동기간, 선배, 병원 사회의 다양한 압력에 의해 '병원에 적합한' 양식으로 성격과 생각이 구축된다. 실습 과정에서 수많은 학교 바깥의 이야기를 접하며 '의사다운 생각'을 하도록 교육받고 스스로 그렇게 나아가기도 한다.

그러한 과정 중의 하나가 '인계'이다. 때로 실습 중에 걸그룹 노래 가사와 같이 병원과 관계없어 보이는 것들이 중요한 때가 있다. 인계는 자주 바뀌는 실습 환경에서 의대생들이 적응할 때 필요한 정보들을 담고 있는 문서와 같은 것이다. 주요 시설 위치나 중요 인물들에 대한 정보가 있기도 하나, 때로는 실습 분위기에 잘 녹아들 수 있는 데 필요한 정보가 들어 있기도 한다. 가령 모 교수님의 진료 참관 시에 주의해야 할 사항들이나, 주로 물어 보는 질문에 대한 '모범 답안'과 같은 것이 해당되는데, 인계를 소홀히 하여 엉뚱한 답을 하는 경우 분위기가 차갑게 얼어붙는 경우가 많으며, 이는 소위 '짱돌'로 가는 발걸음이 될 수도 있는 것이다.

그러다 보니 의대생들은 조용히 존재감 없이 지내는 것을 더 선호하게 되며, 불필요한 질문을 해서 위험을 자초하느니 침묵을 지키는 것이 유리하다는 생각을 한다. 모두가 장차 직장의 선배 또는 상사가 될 상황에서 좋지 않은 인상을 줄 수 있다는 생각 때문에 위축되기도 하며, 병원에서 만나는 선배마다 인사하느라 허리를 펴지 못 하는 상황도 종종 연출된다. 비교적 편한 분위기에서도 위계질서의 기운은 쉽사리 가시지 않으며, 말 한 마디 한 마디를 검열하는 습관이 생긴다.

그렇게 의대생들은 병원에서 질서를 체화한다. "의대에서는 중간이 제일"이라는 말이 금과옥조임을 다시 한 번 깨달아가며, 의사의 삶에 재빠르게 적응해가는 과정이 실습 중에 이루어지는 중요한 일 중 하나이다.

많은 학생들의 꿈은 의사였으나, 의대생들은 의사에 가까워지는 만큼 꿈과 멀어져간다. 아니, 꿈을 잊게 된다.

의대에 오기 전의 꿈은 크고 원대했다. 누구는 흰 가운을 입고 환자를 위해 봉사하는 슈바이처의 정신을 으뜸으로 삼았다. 어떤 이는 신약을 개발하여 난치병 환자들에게 희망을 주고자 하였고, 줄기세포를 연구하겠다는 학생도 더러 있었다. 그러나 의대에서 살아남아 숨이 막히는 경쟁, 딱딱한 강의, 피로에 찌는 병원을 맛보다 보면 어느새 꿈을 비웃게 된다.

의대를 졸업하여 의사가 될 준비를 할쯤이면, 꿈은 어린 시절의 철없음으로 치부된다. 신통치 않은 성적표와 늘 쌓여만 있는 암기거리들 앞에서 꿈보다는 현실의 안위가 먼저이다. 그리고 내가 가지고 있는 성적이 내 꿈을 결정하게 되는 안타까운 상황에 이르자, 우중충한 미래들이 보이는 것이다.

하고 싶은 것은 명확치 않으나 하기 싫은 것들은 자주 보인다. 당장 기초의학을 연구하여 의학 발전을 이루겠다는 꿈은 지루하고 미래가 보이지 않는 듯 암울한 분위기에 빠르게 좌절된다. 거기에 해마다 아무도 지원하지 않는다는 이야기를 접하면 더 이상 미련은 없다. 설령 어려운 결정을 하려 해도 주변의 만류가 거세다.

그렇게 의대생들은 병원의 임상과로 눈을 돌린다. 아직은 무엇을 할지 감이 오지 않는다. 내가 좋아하는 것이 뭔지도 잘 모르겠고, 병원에서 접한 일들은 재미있어 보이기도 하지만 앞으로 평생 할 수 있는지에 대해서는 확신이 없다. 퇴근은 고사하고 늘 피로에 찌들어 있는 선배들의 모습과, 나와도 자리가 없어 생계를 위해 다른 일을 해야 할 것이라는 쓰라린 타협을 생각하면 결국은 인기 과를 선택하는 것이 최선일지도 모른다는 생각이 드는 것이다. 이리저리 고민을 해보지만 뚜렷한 답은 없다.

밖에서는 그런 고민에 대해 배부른 소리라는 핀잔만 돌아온다. 남들은 취업을 걱정하는 상황에서 무엇을 할지를 걱정하는 것은 사치인 것이다. 뭘 해도 의사는 잘 살지 않느냐는 말에 짜증과 좌절이 밀려오는 것이다. 가끔 주변 사람들로부터 소위 '인기 과'들을 추천받기라도 하면 누구를 위한 것인지 당혹스럽기도 하다.

해마다 소위 인기 과들은 급변한다. 한때 최고의 수재들만 갔다는 몇몇 과들은 지금은 전공의가 모자란 지경에 이르렀다. 비인기 과였던 과들은 엄청난 인기를 구가하며 해마다 높은 경쟁률을 자랑하기도 한다. 그러나 그 인기도 언제 떨어질지는 알 수 없으니 의대생들은 갈팡질팡한다. 대학 입시에서 모든 것을 적성에 맞춰 결정한 것이 아니었듯이, 의대생들의 꿈 역시 다시 한번 계산기를 눌러야 하는 종류의 것인가, 아니면 원하는 것을 하는 것이 결국은 맞는 것인가. 늘 하던 고민을 새삼스럽게 다시 하게 되는 와중에도 의사가 되는 날은 다가오고 있었다.

【 새로운 시대의 의대 교육 】

하버드 교정 덮친 AI 바람…
의대 교육 뜯어고친다
조선비즈 2017.02.01.

"의대교육, 일방적 강의 없애고
토론 수업으로"
메디칼업저버 2017.07.03.

의학 교육에서 다양한 시도들이 이루어지고 있다. 이전과는 비교할 수 없을 정도로 엄청난 규모의 의학 지식들이 날마다 창출되는 상황에서 암기 위주의 학습은 비효율적이고, 실제로 환자를 보고 의학적 사고를 할 수 있는 접근법이 중요하다는 인식에서이다. 실제로 의학 교육은 최근 많이 바뀌고 있으며, 다양한 시도들이 이루어지고 있다.

의학 교육은 늘 무엇을 빼고 넣어야 할지의 딜레마인 것처럼 보인다. 모든 내용은 중요하지 않은 것이 없는 것처럼 보인다. 교육 과정을 간소화하기 위해 신경계학을 빼버린다면 그 교육 과정을 받고 의사가 된 학생은 신경계에 대해서 아는 것이 거의 없을 것이다. 10만 명에 한 명이 걸리는 희귀병을 강의에서 빼버린다면 소중한 환자를 놓칠 수도 있다.

그런 와중, 새로운 시대의 의사들에게 요구되는 역량들은 점점 더 늘어난다. 새로운 지식에 대한 접근이 점점 중요해지고 있다. 과거 의사와는 관련이 없을 것 같은 프로그래밍 지식도 필요한 시대가 올 가능성이 있고, 증강현실, 인공지능 등 사회를 뜨겁게 달구는 주제들도 의학과 아예 무관하지는 않다.

이와 같은 흐름은 전 세계적인 의과대학에서도 비슷하게 이루어지고 있다. 최근 시도되고 있는 '플립 러닝'은 학생들이 미리 인터넷 강의 등을 듣고 와서 수업 시간에는 강의 대신 토론을 하는 식의 교육 방식이다. 암기 위주의 의과대학 교육을 탈피하고, 의견을 개진하며 생각하는 훈련을 키우는 것이다.

허나 새로운 방식의 교육은 병원과 의료 제도의 변화와 함께 이루어지지 않으면 한계가 있을 것으로 보인다. 어떤 교육 방식을 들여온다 하더라도, 결국 성적에 의해서 평가받고 그것이 진로를 결정하는 체제 하에서는 결국 다른 방식의 '점수 내기'를 위한 공부가 자행될 수밖에 없다. 학벌의 영향력이 심대한 사회에서는 대학 입시 제도가 바뀐다 하더라도 치열한 입시 경쟁과 사교육은 그대로 존재하는 것처럼, 의대 교육은 많은 것이 함께해야 하는 장기적 과제로 인식해야 할 것이다.

PART 2

의사 VS

신입 의사는 떨리는 마음으로 주사기를 잡았다. 표정은 능숙함을 나타내려 하였으나, 그의 표정은 누가 봐도 긴장감으로 똘똘 뭉쳐 있었다. 덜덜 떨리는 손은 그것을 보는 사람조차도 불안하게 만들었다.

3월 1일은 그런 날이었다. 일 년간 피 뽑는 것 하나에는 도가 튼 의사들이, 성실하고 마음씨는 따뜻하지만 손은 그렇지 못한 의사들로 일시에 교체되었다. 수십 년째 그런 광경을 지켜본 병동의 관계자들은, 의욕은 넘치지만 손은 뻣뻣한 신입 의사들이 행여나 무슨 사고를 칠까 봐 경계를 늦추지 않았다. 늘 사고는 3월에 자주 발생해왔고, 앞으로도 그럴 것이다.

며칠 전까지 피 뽑는 기계처럼 일해오던 말년 병장과 같은 의사들은 오늘부터 전공의가 되어 활동을 시작했다. 피 뽑는 것 하나는 모기 뺨칠 정도로 능숙한 그들이었으나, 오늘부터 그런 일들은 갓 의사가 된 인턴의사들의 일로 바뀌었고 그들은 역시 익숙지 않은 다른 일들을 해야 했다. 역시 마음과 열정은 병원의 그 어느 의사들에 뒤지지 않았으나 경험은 아직 부족할 수밖에 없는 사람들이 그들이었다.

그래서인지 병동 분위기는 긴장되면서도 싸늘했다. 누구의 실수인지는 모르겠으나 추상같은 가르침의 소리로 병동은 얼어붙었다. 어떻게 이런 것도 모르냐며 혹독한 꾸지람을 하는 '높은 의사'와 죄송합니다를 연발하며 고개를 푹 숙이고 바짝 긴장해 있는 '낮은 의사'들이 그려내는 안타까운 장면들이 반복된다. 등장인물은 계속 달라지지만, 높은 의사와 낮은 의사가 있다는 사실만은 변하지 않을 것이다.

그렇게 한 병원의 3월 하루가 지나간다. 누군가는 퇴근을 했어야 하지만, 아직 하지 못한 일들이 가득해 분주하게 모니터 앞에서 '오더'들을 내고 있는 주치의가 흘끗흘끗 보이고, 그 옆으로 얼이 반쯤 나가 있는 인턴의사들이 추레한 복장으로 분주히 움직인다. 그리고 병동의 신규 간호사들은 표정이 너무나 어둡다.

병원은 대체로 이런 곳이다. 우중충한 분위기와 퀴퀴한 냄새와 함께하는 것은 대체로 유쾌하지 않은 검사들이나 처치들이다. 자꾸만 가서 피를 뽑아야 하고, 무언가 계속 측정하고 검사해야 한다. 아픈 사람은 많고 아플 사람도 많다. 톱니바퀴처럼 굴러가는 바쁜 병원에서 톱니 하나라도 빠지면 모두가 고통을 받는다. 굳은 의지도 수많은 일들 앞에서는 오래가지 못한다.

새벽 2시에도 병동에는 누군가 분주하게 일을 하러 다녀야 한다. 누군가는 와서 혈압을 재야 하고, 누군가는 이상이 있는 검사 수치를 듣고 무언가 지시해야 한다. 갑자기 새로운 환자가 밀려들어올 때에는 늘 만원인 병실에 누가 먼저 가야 할지 어려운 계산을 해야 한다. 휴대폰의 벨소리는 그 주인과 달리 늘 우렁차게 울린다.

— CPR팀, 111병동으로. CPR팀, 111병동으로.

조심스럽게 만들어진 새벽의 정적 사이로 다급해 보이는 방송이 울려 퍼졌다. 의료진들이 황급히 달려간 곳에는 의식이 없는 환자 한 명이 생사의 갈림길에 서 있었다. 이미 누군가는 환자의 심장을 고통스러우리만치 강하게 압박하고 있었고, 그 옆에는 보호자의 흐느낌이, 그리고 이런 모습을 너무 봐서 인간미 없을 정도로 침착한 의료진들이, 3월 어느 새벽의 한 조각을 힘겹게 채워내고 있었다.

병원은 그렇게 하루하루 채워져 갔다.

병원의 시공간에는 여유가 없다. 환자의 예기치 못한 질문과 함께 뒤에 기다리고 있는 열 명의 환자들의 시계가 함께 지나간다. 환자도 초조하고, 의사도 초조하고, 병원도 초조하다. 흰 옷을 입은 의사는 생각보다 몇 초 지연되는 듯하자 짜증을 참기 힘들어 했다. 주섬주섬 질문들을 담아온 종이를 꺼내려 하는 것을 보며, 이 순간에 할 수 있는 다른 업무들을 고민해야 한다. 질문이 끝나면 후다닥 뛰어가야 할 것이고, 도착한 곳에는 왜 늦냐는 불평만 가득할 것이다. 진료실 바로 밖에는 오늘도 아침 기차를 타고 서울로 올라온 환자들이 진을 치고 기다리고 있고, 환자는 병원의 톱니바퀴의 재촉을 받아 진료실에서 물러나지 않으면 안 된다.

병원의 톱니바퀴

《 기계 속의 미로 》

병원을 찾은 환자들은 미로 속에 갇히게 된다. 넓디넓은 병원은 건물도 많아 어디가 어딘지 헷갈리기만 하며, 힘겹게 찾아간 곳에서는 잘못 왔으니 다른 데로 가라고 한다. 아파서 병원에 왔지만, 아픈 사람을 담당하는 과는 없다. 대신 찾아가야 할 곳은 내과, 외과, 산부인과, 소아청소년과 또는 알지 못하는 어떤 과 중에 하나일 것이다. 여기도 아프고, 저기도 아프면 그 환자는 어디로 가야 할 것이고, 누가 그 환자를 봐야 할 것인가. 당연하지만 질문에 대한 답은 때때로 아주 어렵다.

병원은 어찌 보면 하나의 거대한 기계다. 수많은 사람들과 장비들이 숨가쁘게 굴러가고 있다. 아침 7시 30분에 채혈한 피는 이송원의 손을 거쳐 검사실로 흘러가고, 기계가 뽑아낸 결과는 주치의의 모니터 안에 들어온다. 그것은 주치의의 복잡한 머릿속 어딘가로 흘러 들어가 환자의 상태를 정리한 차트 어딘가 안에 기록될 것이다. 그 과정을 하나하나 파악하기는 모두에게 쉽지 않다.

평생 병원과 멀리하다 우연한 계기로 이 거대한 곳 속에 빨려들어온 환자들은 적잖이 당황하게 된다. 공간적인 미로와 더불어 심리적인 미로까지 사람을 심란하게 만든다. 그 뿐인가? 의지할 사람 하나 없는 이곳에서 듣게 되는 것이라곤 익숙지 않은 의학 용어들뿐이다. 무언가 물어보고자 해도 '당연히 알아야 할 것'을 모르는 사람이 될까 봐 두렵고, 용기를 내려 해도 의사는 바쁘다. '얼마까지 알아보고 오셨어요'가 대표적인 상징인 어떤 곳에 온 손님처럼, 무언가 아는 것이라도 늘어놓지 않으면 크게 당할 것만 같은 기분이 들지도 모른다.

나는 어딘가 아픈 것 같지만 의사는 아무런 문제가 없다고 한다. 미로는 그 지점에서 출발한다. 아파서 무언가 약을 받아왔으나, 이 약이 나를 어떻게 낫게 하는지는 모른다. 한 달 동안 나는 계속 아픈데 혹여나 문제가 있는 것은 아닐까, 의사가 무언가 놓친 것은 아닐까 마음속의 미로가 꾸물대며 지어지기 시작한다.

하지만 미로답게 뚜렷한 답은 없다. 가끔은 의사도 마찬가지의 기분이 들 때가 있다. 무언가 아픈 것은 맞는데 도대체 무엇이 문제인가. 의사는 머릿속에 있는 수많은 아플 수 있는 원인들을 샅샅이 뒤져본다. 열이 펄펄 끓는 환자는 도대체 무엇 때문에 그런 것인가? 원인은 늘 명확하기보다는 애매하고, 가끔은 보이지도 않는다. 미궁 속을 나갈 실마리를 찾기 위해 각종 검사들이 동원되지만 결과는 알기 어렵다. 환자는, 자신의 피가 왜 그렇게 필요한지 궁금해하지만, 손쉬운 설명은 이미 미로 속을 나오고 난 뒤에나 가능할지도 모른다.

병원은, 맞물린 고리들로 구성되어 있다. 피를 뽑는 사람과, 검사 결과를 내는 사람, 해석하는 사람은 대체로 다르다. 가슴 엑스레이를 찍는 사람과 그것을 판독하는 사람, 그것을 필요로 하는 사람은 모두 다르다. 병원이 커질수록 고리는 커져 가며, 때로는 그 가운데 있는 사람도 처음과 끝을 모를 지경에 처하기도 한다.

환자의 입장에서도 자기를 거쳐 가는 사람들이나 자기가 거쳐간 사람들은 왜 그곳에 있어야 하는지 알기 어려운 경우가 많다. 한 명 한 명 붙잡아 물어봐도 속 시원한 대답은 듣기 어렵다. 남는 것은 불신뿐이며, 의료진의 무언가 어설픈 동작이나 말 하나하나에서 불안함을 느낀다.

병원은, 그렇게 달갑지 않은 공간이 된다. 확실한 것은 병원에 지급해야 할 돈 정도겠지만, 사실은 그 역시도 복잡한 사정이 많다. 얼기설기 이어진 복잡한 거미줄 위 어딘가에 환자가 있고 어딘가에 의사가 있는 것이다.

《 선택의 순간 》

병원 조직의 중요한 구성원 중 하나인 의사는 의대를 졸업한 학생이 의사 면허를 발급받는 순간부터 탄생한다. 진로 고민을 하지 않기 위해 온 의대생들은 의사가 되는 순간 그들의 평생을 좌우할 선택들을 해야 한다.

의과대학을 졸업한 의대생들은 의사 면허를 취득하면 의사가 된다. 그때부터 진로에 대한 선택이 시작되는데, 많은 경우에 의사들은 수련을 더 지속한다. 그들은 큰 병원에 들어가 '인턴'이라는 병원의 가장 낮은 곳에 있고, 소속조차 분명하지 않은 곳에서 의사의 첫 업무를 시작한다. 한편 누군가는 바로 의사로서의 일을 하기도 하는데, 그런 경우의 의사를 통상적으로 '일반의'라 칭한다. 일반의란 전문의와 대비되는 개념으로, 전공이 정해지지 않은 의사들이다.

병역의 의무가 있는 남자 의사들은 일반의의 길을 택하기 전에 병역을 해결해야 한다. 그들은 지금까지 공중보건의사라는 제도를 통해 병역을 해결해왔다. 공중보건의사는 외딴 섬이나 산간 지역과 같이 의료 시설이 부족한 곳의 보건지소로 파견되거나, 대개 의사가 부족한 지방의 응급실 등으로 배치된다.

한편 병원에 들어간 의사들은 전공이 정해지지 않은 애매한 위치에 있고 한 달마다 여러 과를 돌아다니며 가장 말단의 의사 업무 혹은 각종 업무를 한다. 인턴의사의 인권이 주목받기 전에 인턴의사는 사실상 가장 말단의 위치로 온갖 잡역에 노출되었는데, 그것은 그들이 원하는 전공에 지원해야 하는 상황이었기 때문에 발생하였다.

인턴의사는 숙련이 되지 않았다는 점에서 각종 기업의 인턴들과 공유하는 점이 있기는 하나, 엄연한 의사 면허가 있는 '의사'다. 그것은 무엇보다도 분명한 사실이지만, 그들이 하는 업무는 대체로 그들의 지위를 '학생'이나 '잡역부' 정도로 인식하기에 딱 적합하다. 종종 인턴의사 시절을 회고하는 연배 있는 의사들은 각종 무용담들을 펼치며, 엑스레이가 사진처럼 있던 시절 사진을 찾아 병원의 지하를 헤매던 것부터 주치의가 말한 각종 지시(오더)들을 받아 적는 일에 이르기까지 황당스러워 보이는 일들을 회고하곤 한다.

그러나 그것은 과거에도 사실이고, 현재에는 다른 방식으로 사실이다. 1년 과정인 인턴 기간 동안, 인턴들은 한 달에 한 곳씩 뱅글뱅글 정처 없이 떠다니며 소속감은 없고 서투름만 남는 일들을 하게 된다. 아는 것도 할 수 있는 것도 많지 않은 위치이기 때문에, 대체로 윗사람이 시키는 일들을 수족처럼 하는 것이 주된 업무로 엑스레이 운반 업무가 심전도 찍는 업무로 바뀌었을 뿐 본질은 아직까지도 크게 바뀌지 않았다. 물론 운이 나쁘면 '막내'답게 밥을 시키는 업무까지 추가되기도 한다. 그들은 전공이 정해지기만을 기다린다.

전공을 정하는 시점은 보통 연말이다. 연말의 인턴들은 '전공의' 혹은 '레지던트'가 되기 위하여 시험을 준비하고 면접을 치른다. 기업의 신입 사원들처럼 정장을 차려입고 각 과에 지원한 동기와 의지를 밝히며, 결과를 기다린다. 전공의를 모집하는 방식은 과마다 다르지만 객관적인 점수와 주관적인 평판이 주를 이루는데, 평판이란 인턴으로서 또는 그 전에 사회의 구성원으로서 살아왔던 것에 대한 평가를 말한다. 모집 관계자들은 그 인턴을 아는 누군가에게로, 특히 그와 함께 일했던 누군가에게로, 연락을 취해 인턴에 대한 정보를 얻게 되고 그것은 인턴의 당락을 좌우하게 된다. 12월이 되면 누군가는 합격하고 누군가는 떨어진다. 그때부터 늘 들어온 '무슨 과'냐는 질문에 대한 답을 할 수 있게 되는 것이다. 명찰에도 '의사 ○○○'가 아닌 '□□과 전공의 ○○○'라는 말을 쓸 수 있게 되는 것이다.

병원의 구성원이 된 의사들은 철저한 계급사회의 일원으로 위치한다. 소속은 곧 계급이다. 병원에 소속된 순간 시작하는 밑바닥 위치인 인턴 의사를 간신히 탈출하면 한없이 이어진 계급을 맞닥뜨리게 될 것이다. 전공의가 된 의사는 1년차가 되고, 그 위에 2년차, 3년차가 있으며 4년 차는 있을 수도 없을 수도 있다. 4년차가 없다면 그 위에 전문의 선배가 있을 것이고, 교수가 있을 것이다. 물론 교수에도 직급이 있어 조교수, 부교수, 정교수가 있고 사실 그 사이에도 꽤 복잡한 교수 직책들이 존재 한다.

이룰 것이 있는 자들은 어려움을 감내한다. 전공을 얻은 의사들은 그 전공을 인정받기 위하여 전문의 시험이라는 것을 치러야 한다. 내과 에 들어갔더라도 내과 전문의를 획득하지 못한다면 내과 의사라 칭할 수 없으며, 그것은 법으로 규정되어 있다. 전문의 시험은 흔히 의사들 사이에서 보드(board) 시험이라고 부르기도 한다.

중요한 것은 승승장구하던 사람도 한 순간에 고꾸라질 수 있다는 것이다. 한 학교의 수재였던 학생이 의과대학에서 유급이라는 좌절을 접하게 되는 것처럼, 병원에서도 커리어는 언제든지 중단될 수 있다. 승 승장구하던 의대생은 인턴이 되고 나서 홧김에 발생한 선배 의사나 병 동 간호사와의 마찰로 원하는 전공을 선택할 기회를 놓칠 수 있다. 전 공의가 되어서도 살얼음판은 지속되며, 위치와 지식이 비례해 비참한 상황을 자주 접할 수밖에 없다.

많은 경우, 병원의 가르침은 친절하기보다는 냉혹하다. 채혈을 실패한 인턴은 환자에게 격려보다는 불평을 들을 확률이 높다. 무언가 놓친 주치의는 그것에 대한 이해보다는 대체로 불호령과 모욕을 듣는다. 위계적인 분위기는 옳지 않지만, 생명을 다룬다는 것 자체가 이유로 작용하여 많은 일을 정당화한다.

　병원은 인력으로 굴러가는 곳이다. 병원의 업무 하나하나는 사람의 힘이 필요한 경우가 대부분이다. 피를 뽑거나 상처 부위를 소독하거나, 환자를 수술장으로 이송하거나 하는 일들은 기계가 대체하기 생각보다 어려운 경우가 많다. 환자의 상태가 위독할수록 더 많은 손이 필요하며 그 과정에서 적절한 역할 분담이 필요하게 된다.

　역할 분담은 민주적으로 진행되면 좋겠지만, 민주주의를 위해 많은 사람들이 피를 흘려야만 했던 역사를 떠올리면 결과는 대체로 뻔하다. 계급은 역할과 맞물려 있으며, 가장 계급이 낮은 자가 자연스럽게 가장 많은 일을 하게 될 확률이 높다. 조금 더 정확히 말하면, 할 수 있지만 하기 싫은 일 중에서 가장 많은 일들을 하게 되는 것이다.

　인턴은 모든 전공의가 겪는 과정이지만 모든 전공의가 가장 빠르게 잊는 시기이기도 하다. 인턴의 업무 중에 많은 일들은 그리 선호되지 않는 일들인데, 때로 위험한 일들도 상당하다. 위독한 환자가 검사를 하러 갈 때는 재빠른 대처를 위해 의사가 대동해야 하는데, 많은 경우에 인턴이 그 일을 한다. 환자가 호흡이 원활하지 않은 경우라면 '앰부-백'이라는 기구를 통해 환자 옆에서 꾸준히 숨을 불어넣어줘야 하는데, 그것은 검사실에 있는 경우에도 예외는 아닐 것이다. 문제는 환자가 받게 될 검사가 방사선이 나오는 CT 검사인 경우도 있는 것이고, 환자를 지켜야 하는 의사는 환자와 방사선에 함께 노출되는 것이다. 운이 없는 인턴은 그런 검사를 하루에 몇 번을 함께하게 될 수 있다. 결코 유쾌한 일은 아니다.

그러나 계급 사회에서 그것을 거부할 의사는 많지 않다. 방사선에 피폭된 인턴은 그런 용도로 사용할 인공호흡기가 있다는 것을 깨닫고 분노하지만, 그렇다고 바로 저항하기는 어렵다. 일단 환자를 살리는 일에 의사가 몸을 사린다는 비난에서 자유롭지 못하며, 행여나 원하는 과에 지원할 때 불리하게 작용하지 않을까도 고민하게 된다. 그것은 어찌 보면 계급 사회 하층민의 숙명일지도 모른다.

인턴은 그것이 가장 극명한 직군 중 하나이지만, 어느 곳에나 계급 사회와 희생은 존재한다. 작은 사회가 될 수록 계급은 더 공고해질 수 있으며, 희생은 외부에서 파악하기 더 어려워진다. 인력은 늘 넉넉하지 못하고, 환자는 살려야 하고, 누군가는 일을 해야 한다면 그 결과물은 뻔하다. 그리고 그 소수의 희생으로 득을 보는 사람은 많아진다.

의사는 그곳에서 침묵이 금이라는 중요한 정체성을 확립한다. 조용히 인턴 - 전공의 1년차 - 2년차 - 3년차 - (4년차) 과정을 끝내고 나만의 자리를 찾자는 위기 회피의 본능은 사실 의대생 시절부터 유효한 것이었다. 중간만 가면 잘하는 것이라는 생각은 월급을 받고 일하는 직장인이 되는 순간 더욱 굳어진다. 수직적 조직의 어딘가에 위치하는 의사는 오랜 기간 경험해온 구조를 빠르게 정체성으로 체화한다.

병원엔 밤이 없다. 환자는 24시간 내내 있고, 중상이 악화되거나 사망할 수 있다. 환자는 절대 낮에만 아프지 않고, 문제는 사람이 많은 낮에만 생기지 않는다. 병원에는 늘 최소한의 인력은 남아 있어야 하고, 환자를 살려야 할 의무가 있는 의료진은 늘 상주해야 한다. 모두가 퇴근할 때 병원을 지키는 당직이 필요한 이유다.

많은 큰 병원에서는 낮에 근무하는 인원을 묶어, 그중 일부에게 당직을 배정하고 나머지는 퇴근하게 하는 방식을 취한다. 세 명이 한 조라면, 출근부터 퇴근 시간 전까지 일하다가 두 명이 퇴근하고 한 명이 남아서 병원을 지키는 식이다. 퇴근 이후가 되면 병원의 많은 업무들이 진행되지 않으므로 정규 시간에 비해 업무가 줄어드는 편이긴 하지만 밤에 급박한 문제가 발생하는 경우는 비일비재하다. 당직 근무자는 그 기간에 발생한 일들을 처리하고 다음날 정규 근무를 하러 오는 사람에게 밤중에 발생한 일들을 알리고 인계하는 것이 주 업무다.

낮에 일하고 밤에 자는 것은 보편적인 근무 환경이다. 그 반대인 밤에 일하고 낮에 자는 것은 모양은 대칭이지만 사람의 리듬에는 맞지 않다. 야간 근무는 2급 발암 물질로 알려졌을 정도이다. 그러나 그렇다고 해서 밤에 모두가 퇴근했다가는 환자의 안전은 전혀 장담할 수 없을 것이다.

역시 인력은 넉넉하지 않다. 여유가 있다면 주간, 야간 인력을 따로 고용하고 휴식을 취하게 하는 것이 맞고, 그것이 옳은 근무 환경일 것이다. 물론 그렇게 하는 호화스러운 병원은 찾아보기 어렵다. 정규 근무

인력 두 명으로 묶인 팀을 예로 들면 많은 병원에서 채택하는 '근무' 방식은 보통 다음과 같다: 두 명이 출근해서 낮에 일하다가 저녁이 되면 한 사람은 퇴근한다. 남은 한 사람은 남아서 밤을 샌다. 그 다음날에 당직을 섰던 사람은 그대로 아침 근무를 하고, 어제 퇴근했던 사람도 아침 근무를 한다. 그리고 전날 당직을 섰던 사람은 퇴근하고 전날 퇴근했던 사람이 근무를 한다.

이러한 근무를 흔히 '퐁당퐁당(퐁은 퇴근하는 날, 당은 당직하는 날)'이라고 부른다. 36시간 근무 후 12시간 휴식이라는 기형적인 업무 구조는 의외로 많은 병원에서 발견된다. 인력이 조금 여유 있는 경우에는 '퐁퐁당'과 같은 구조도 가능하지만, 인력이 부족하면 퐁당당당이다. 퐁이 없는 삶을 사는 의사도 더러 존재한다. 아래 표는 인턴의사 두 명에게 배정된 흔한 당직표 중 일부다. 하기 전에는 가능한가 싶은 일도 막상 어떻게 돌아만 간다면, 원래부터 가능한 일이라고 믿을 수 있다.

이 같은 당직 체제에서는, 당연히 당직 다음 날 그대로 근무하는 의료진은 충분한 휴식을 취하지 못해 업무 효율이 떨어지게 된다. 물론

	6/7 (목)	6/8 (금)	6/9 (토)	6/10 (일)	6/11 (월)	6/12 (화)	6/13 (수)
인턴 A	7A-6P 근무		7A-MD	7A-10A	7A-6P 근무		
	당직	오프	당직	오프	당직	오프	당직
인턴 B	7A-6P 근무		7A-MD	7A-10A	7A-6P 근무		
	오프	당직	오프	당직	오프	당직	오프

병원 당직표의 한 예

업무 효율이 떨어져 발생한 과오나 실수에 대한 책임은 스스로가 져야 한다. 밤중에 환자의 상태가 나빠져 예의주시해야 하는 경우, 24시간 내내 눈을 붙일 수 없는 경우도 발생한다. 당직 때는 보통 2-3명이 담당하고 있던 일을 한 사람이 담당하게 되는데 일이 터지면 그날 당직자는 몇 명 몫의 일을 해야 할 수 있다. 물론, 그와 무관하게 다음날 근무는 예정대로 진행된다.

마치 끝없이 이어지는 뫼비우스의 띠와 같은 병원 근무는 수련을 받는 의사라면 최소 한 번은 체험한다. 병원의 규모가 커지지만 인력이 충원되지 않는 경우, 혹은 간신히 돌아가던 당직 체계에서 이탈자가 발생하는 경우, 한 사람이 지게 될 업무량은 더욱 거대해진다. 36시간을 내리 일하고 12시간을 잠만 자던 전공의는, 동기가 나가게 되면 회복을 위한 12시간도 박탈당할 수 있다. 그쯤 되면 남은 사람도 격무에 시달리다 못해 퇴직을 고려하게 되는 순간이 찾아오게 마련이다.

그런 상황에서 직무 갈등은 상당히 첨예해진다. 함께 일하는 사람이 온전히 한 사람의 몫을 하지 못하면, 남은 것을 떠맡는 연좌제 구조는 생각을 각박하게 만들 수밖에 없다. 이에 대해 호소하여도 추후에 얻게 될 '경제적 풍요'에 대한 대가로 무시되는 경우가 많아 좌절과 낙담을 하게 된다. 비정상적인 근무 구조는 환자를 생각하는 책임감으로 미화되기도 하며, 그것은 의사와 환자 모두가 비슷하게 갖는 생각일 수도 있다.

늘 문제 제기는 있었지만, 당장 급한 불만 끄자는 생각으로 덮이는 경우가 태반이다. 인턴은 일 년만 일하자, 전공의는 전문의 딸 때까지만 버티자는 식으로 불안불안하게 폭탄 넘기기와 같은 구조가 된다. 고통스러운 기억은 빠르게 사라지는 것이 바람직하므로, 격무에 분노하던 의사들도 격무에서 탈출하면 그에 대한 문제 의식을 잊는다. 격무에 계속 시달리는 의사들은 문제 의식을 가질 시간이 없다.

그러는 사이 병원은 너덜너덜해진 '뫼비우스의 벨트'로 위태스럽게 굴러간다. 뫼비우스의 벨트가 끊어져 톱니바퀴가 멈출 때면 평소에는 관심없던 많은 사람들이 분노와 혐오, 경멸의 시선과 함께 '엄중 처벌'을 요구한다. 누군가는 황급히 외양간을 고쳐보지만, 고쳐진 외양간도 그리 튼실하지는 않다. 잃어버린 소는 어딘가에서 헤매다 쓰러져 있을 것이고, 남은 소들도 언제 도망갈지 알 수가 없는 상황은 병원 어디에나 있다.

《 연합군 》

아픈 것은 한눈에 파악하기 어렵다. 질병에 대한 연구가 진행되고 많은 것이 알려지자, 한 명의 전문가가 모든 것을 해결할 수 없게 되었다. 병원은 그런 난관을 해결하기 위해 조직된 연합군이라 할 수 있다.

아픈 것은 모두가 같지 않다. 머리가 아프다는 사실은 때로는 별 것 아닌 통증일 수도 있으나 때로는 비상상황이 될 수도 있다. 머리가 아픈 것은, 머리의 문제가 아닐 수도 있으며 다른 문제일 수도 있다. 그 것을 읽어내지 못할 때, 조직의 힘이 필요한 경우가 생긴다.

복잡한 상황을 파악하는 것은 쉽지 않다. 어딘가 아픈 사람은 그

것이 병원에 가서 해결해야 할 문제인지부터 결정해야 한다. 병원을 가기 위해서 시간을 써야 할지 결정하는 것은 쉽지 않은 판단이다. 병원에 가기로 결정했다면, 그다음 문제는 어디로 가야 할 것인가다. 감기 기운이 있고 열이 나는 것 같은데, 그것은 어디로 가야 할 문제인가? 코, 귀, 인후를 담당하는 이비인후과인지, 열이 나는 것을 고려해서 내과인지, 평소와 다른 심각한 느낌이 있다면 응급실일 수도 있을 것이다. 그러나 그 답은 환자 스스로가 결정하게 되는 경우가 많다.

환자가 오면 책임은 의사에게로 넘어간다. 병원에 온 환자를 보고 이 환자가 여기에서 치료가 가능한지, 아니면 다른 대형병원으로 가야 할지 결정해야 한다. 그 과정에 실패하면 문제가 커질 수 있다. 그러나 많은 경우 정확한 판단은 쉽지 않다. 크게 아파 보이지 않는 환자에게 실시한 통상적인 혈액 검사에서 예상 외의 수치를 발견할 수도 있다. 만약 이 검사를 하지 않았다면 어떻게 되었을까. 간담이 서늘해지는 순간이다.

질병은 정보의 문제가 된다. 병이 중할수록 많은 것들을 필요로 한다. 겨울 빙판에서 엎어져 무릎이 다친 환자가 있다고 할 때, 건강한 20대의 젊은 남성과, 당뇨, 고혈압, 신장병이 있는 70대의 할머니는 결코 같지 않다. 20대 환자를 확인한 의사는 수술이 필요하다면 빠르게 필요한 검사를 진행하고 수술을 준비할 수 있지만, 70대 환자를 봤던 의사는 수술이 가능한지부터 생각해야 할 수 있다. 심장 상태가 수술을 할 만큼 건강한지, 지금 먹는 약들을 수술을 위해 끊어도 될지 온갖 고려를 할 수밖에 없으며, 그 과정에서 많은 과들에 의뢰하고 그것을 모두 고려해야 된다. 그 과정에서 검사시간이 늘어날 가능성이 높다. 많은 과들이 보이지 않는 곳에서 분주하게 움직이는 것이다.

그런 과정에서 갈등은 자주 발생한다. 연합군에 비유된 병원은 질병이라는 문제를 해결하기 위한 조직이다. 그러나 그 구성원들은 서로 독립적이다. 한 과는 다른 과에 간섭해서는 안 되고, 그 역도 마찬가지이다. 그러다 보니 누군가는 급히 요청하지만, 그것이 누군가에는 어려운 경우일 수 있다. 응급 수술이 필요한 환자를 본 과 의사는 환자를 보자마자 응급 수술을 준비하고자 하겠지만, 수술에 필요한 마취과의 인력이 부족할 수 있다. 자연스레 수술방을 배정받고자 하는 수술과의 의사와 마취과의 의사 사이에서 갈등이 발생할 수밖에 없다.

직군 간에도 갈등이 발생할 수 있다. 출근과 퇴근이 명확한 직군의 근무자는 밤중에 갑자기 요청된 검사를 달가워하지 않고, 밤중에 검사를 요청한 사람을 원망한다. 반면 밤중에 검사를 요청한 사람은 눈앞에 급한 상황을 근무 시간 때문에 해결하지 못한다는 사실에 분개하고 화를 낼 수도 있다. 인력이 몰려야 하는 경우는 예측이 어렵고, 늘 인력은 여유롭지 않기 때문에 각종 마찰은 여기저기서 발생하게 된다.

【 의료진의 근무 환경 】

이대병원 신생아 숨진 날,
전공의 당직은 2명뿐
중앙일보 2018.01.12.

전공의 10명 중 7명
"피로·과도한 업무 때문에
올바른 진료 못 했다"
동아일보 2018.01.28.

　　살벌한 근무 환경은 어디서부터 발생하는 것일까. 병원 의료진들의 근무 환경이 열악함은 예전부터 잘 알려진 일이다. 한 달 내내 일에만 몰두하다가 단 하루만 집에 가서 빨래만 하고 왔다는 한 교수의 전공의 시절 이야기는 이미 식상한 '무용담'이고, 근무 시간 동안 화장실 갈 시간이 없다는 간호사의 이야기도 주변에서 심심치 않게 들린다.

　　병원은 지금까지 잘 운영되었다. 문제를 고발할 사람은 문제가 불거질 쯤에는 다른 곳으로 이동했고, 그곳에는 아직 문제를 모르는 새로운 사람이 들어오게 된다. 문제가 되는 경우는 '운이 나쁜' 경우일지도 모른다.

　　문제가 터지고 나면 원인은 분명해 보인다. 수많은 환자가 있는 병원에서 당직자가 불과 몇 명이라는 것은 듣기만 해도 심각한 일이다. 나머지 의료진들은 환자를 두고 퇴근한 것으로 생각되기도 한다. 환자를 살리려는 사명이 있는 의사라면, 개인의 고통을 마땅히 감내해야 한다는 의무는 잘 지켜지지 않는 것 같다.

환자를 살리러 온 의료진이라면 힘든 상황도 견뎌 내야 한다는 인식은, 극한의 의료 환경을 정신력으로 충분히 견뎌낼 수 있을 것이라는 믿음을 제공해 주었다. 뿐만 아니라 나중에 충분한 보수를 받을 것이고, 취업 걱정도 없다는 사실로 공감대가 희석되기도 하였다. 교육을 시켜주는데 돈까지 받아가니, 그런 직장은 찾기 어렵다.

의사 당사자들의 생각도 의외로 일맥상통한다. 몇 년만 참고 버티자, 그렇게 버텨내면서 닳아지고 총기를 잃던 사람들은, 다시 그 자리를 채우는 새로운 인력들에게 똑같은 환경을 넘겨줄 뿐이다. 더 이상 그때를 생각하고 싶지 않으므로, 생각하지 않겠다는 마음이 강하게 남아 있다.

다만 오래 지속되기 어려운 것은 순환이 끊기면 문제가 생긴다. 들어온 사람이 지쳐 나갈 때쯤, 새로운 사람으로 교체해서 돌리는 방식은 언뜻 저렴하고 효율적으로 보일지는 몰라도, 중간에 하나라도 끊기는 순간 커다란 문제가 발생한다. 숙련된 사람은 자리에 없고, 새로운 인력은 들어올 생각이 없다면 병원은 그 순간 텅 빌 수밖에 없다.

안정은 곧 비용을 의미한다. 2명의 인원을 종일 근무시키는 것은 4명의 인원을 교대로 근무시키는 것보다 배는 저렴할 것이다. 소수의 인원으로 힘겹게 굴러가지만 아직까지 문제가 발생하지 않으니 두자는 것은 다수의 인원으로 안정적으로 운영하는 것보다 효율적 선택이다. 다만 그로 인한 위험은 늘 도사리고 있으며, 문제가 불거졌을 때 있던 발견된 문제들은 빙산의 일각이라는 사실을 반드시 알고 있어야 할 것이다.

환자가 들어오자 의사는 어디가 아프냐고 물어본다. 맹장이 아픈 것 같다는 환자의 말에 의사는 얼굴을 찌푸린다. "그곳은 맹장이 아니에요." 라는 말이 목구멍 끝까지 올라왔으나 무덤덤하게 배가 아프다는 환자를 보기 시작한다. 아파 죽을 것 같다는 환자는 인터넷을 찾아보니 무슨 약을 써야 할 것 같다고 말한다. 가득 차다 못해 넘쳐흘러 자꾸만 거슬리는 이야기에 검진을 하는 마음이 좋지는 못하다. 엑스레이를 한 장 찍고 오라고 하자, 환자가 그것은 왜 찍냐며 계속 줄기차게 질문을 한다. 아, 이 환자는 왜 나에게 찾아온 것일까.

의학적 시선

《 걸러내기 》

의학적 시선의 첫 단계는 걸러내는 것이다. 걸러내는 작업은 우리가 받아내는 정보 중에서 도움이 될 만한 것들을 빠르게 추려내는 일이라 할 수 있겠다.

눈치 빠른 사람들은 그런 일에 아주 능하다. 그들은 문을 열고 인사를 건네는 상사의 표정에서 그날 하루 운을 짐작할 수 있다. 오늘은 결재 서류를 들고만 가도 퇴짜를 먹을 것이라는 그의 예언은 늘 적중한다. 유능한 의사들도 그와 비슷하게 환자가 오는 모습을 보고 빠르게 정보를 뽑아내고 몇 가지 '예언'을 하곤 한다.

의사의 예언은 어떻게 만들어지는가. 예언은 정보의 문제다. 진료실 문을 여는 순간 이미 많은 정보들이 의사에게 제공된다. 환자의 나이, 성별, 체형, 걸음걸이 등, 말로 설명하지 않아도 눈으로 보고 알 수 있는 정보들이 중요하게 작용한다. 거기에 진료를 하는 시점이 언제인지도 중요하다. 겨울에 오는 환자는 감기로 올 확률이 높지만, 여름에 왔다면 대체로 감기일 확률은 겨울보다는 낮을 것이다.

다음으로 의사는 환자에게 어디가 아프냐고 묻는다. 의사가 정보를 수집하는 과정의 출발이다. 의학적 용어로 말하면 의사가 하는 일은 '주소(chief complaint)'가 무엇인지를 확인하는 일이다. 환자가 호소하고 있는 가장 큰 문제가 무엇인지를 확인한다는 뜻이다. 주소를 확인해야 무엇을 물어보고 무엇을 할지 다음 단계를 알 수 있다. 예를 들어, 환자가 배가 아프다고 하자. 의사는 환자의 문제가 소화기 계통임을 생각할 수 있게, 소화기 계통에 관한 질문들을 이어갈 것이다. 그리고 자연스럽게 필요한 검사들을 진행할 것이다.

주소를 확인하고 난 후 어떻게 진료를 이어갈지는 의사의 능력과 성격에 따라 좌우된다. 의대생들이 치르는 표준화 환자 대상 시험도 그 과정들을 매끄럽게 교육하기 위한 일환이다. 상기 시험에서 의대생들은 10분이라는 시간 동안 교과서적인 진료 절차를 따라 진단하는 연습을 한다. 배가 아픈 환자의 경우, 언제부터 배가 아팠는지, 배 어느 쪽이 아픈지, 배가 어떻게 아픈지 등등 아픈 양상에 대하여 자세히 질문하도록 교육받는다.

그러나 이론과 현실이 다르듯이 증상만 가지고 진단을 내리기 곤란한 경우가 자주 발생한다. 흔히 맹장염이라 불리는 급성 충수돌기염(acute appendicitis)이 좋은 예이다. 교과서적으로 급성 충수돌기염은 복통이 배꼽 주변부부터 시작하여 오른쪽 아랫배로 진행하는 것이 특징

질병 A
■◆●★

질병 B
■◆●★

질병 C
■◆●★

■◆●★

★■●◆

A

A? B? C?

교과서의 질병

이상적인 사례

현실의 사례

이론과 실제

이며, 식욕 부진과 메스꺼움이 일어나는 것이 전형적인 증상이다. 비교적 흔한 질병이기 때문에 경험이 부족한 의대생들은 그런 환자들을 진단하는 것이 어렵지 않을 것이라 생각한다.

하지만 실제로는 여러 변수가 존재한다. 일부 사람의 경우 해부학적 차이로 왼쪽 배가 아픈 경우도 있다. 급성 충수돌기염과 비슷한 증상을 보이는 다른 질병들도 꽤 많으며, 환자가 오른쪽 아랫배가 아프다고 말하였으나 실제로 확인해 보니 다른 부위인 경우도 있다. 증상이 급성 충수돌기염에서 보이는 모든 것을 만족하고 있으나 나중에 확인해 보니 아닌 경우도 존재할 수 있다. 늘 변수는 존재하고, 모든 것은 확률의 문제가 될 때가 많다.

최근 인터넷을 통해 의학 정보들이 비교적 쉽게 접할 수 있게 되면서 자가진단을 하는 환자들이 늘어났다. 자신이 처한 문제에 관심을 갖고 스스로 해결하고자 하는 긍정적인 시도로 볼 수도 있으나, 제때 진료를 받지 못하는 경우가 있을 수도 있다. 환자가 대입한 증상이 실제로는 다른 것일 가능성도 배제하지 못하며, 특징적인 증상들을 보이더라도 실제로 다른 이유 때문일 수도 있는 것이다.

의학적 진단 과정의 근거들로 이용되는 증상들은 의학적으로 잘 정제된 증상들에 가깝다. 이러한 증상들은 환자가 호소하는 증상과 차이가 있는 경우도 비일비재하다. 환자가 가슴이 아프다고 말하는 증상이 사실은 배 부위일 수도 있고, 머리가 아프다고 할 수 있으나 실제로는 목 부분이 당기는 증상일 수도 있다. 실제 언어와 해부학적인 증상 묘사 사이에서 괴리가 있는 경우는 상당히 흔하다.

의사들은 점점 늘어나고 있는 '똑똑한 환자'들에 적절히 대처하도록 요구받고 있다. 진료 현장에서 자기도 잘 모르는 최신 논문을 보여주는 환자들을 자주 접할 수 있게 되었다. 의사들은 환자가 생각해온 진단과 자신이 한 진단이 일치하지 않는 경우, 그것을 설득하는 과정에서 피로를 느낀다. 심지어 언쟁이 자주 발생하기도 한다. 그러다 보니 의학 지식 공부를 하고자 하는 환자들에 대해서 냉소적 태도를 보이게 되며, 그러한 모습들이 환자들에게 오만하거나 불친절하게 보이는 악순환으로 이어진다.

의사들에게 익숙해진 의학 용어들은 현재의 상황에서 자주 문제가 된다. 걸러내기 작업의 결과물들은 의학적으로 정제된 언어들로 기록되며, 의사들은 그러한 용어로 말하고 생각할 것을 학생, 수련 기간 내내 강조 받는다. 환자가 호소하는 증상들을 그대로 받아들이지 말고, 의학적으로 합당한 것인지 생각하고 적절한 용어로 표현하라는 것이다. 그것이 10년 이상 누적되다 보면 일상 대화 속에서도 의학 용어가 스며들고, 그것이 진료 현장에서도 무의식중에 나오는 것이다. 그러나 환자 입장에서는 의학 용어는 전혀 익숙하지가 않다 보니 어려운 말을 쓴다는 인상을 줄 수가 있는 것이다.

《 분류하기 》

의사는 정확한 진단을 위해서 추가적인 정보를 최대한 많이 수집하는 것이 유리하다. 먼저 시도할 수 있는 일은 다른 증상들이 없는지 확인해보는 것이다. 이때 신체를 여러 계통으로 나누어 생각해본다. 호흡기, 소화기, 순환기와 같은 분류가 그런 방법론에 속한다. 배가 아픈 환자라면 메스꺼움, 변비, 설사와 같은 소화기계 증상들이 더 있는지 물어보는 것이 우선적으로 이루어진다. 그러나 소변볼 때 통증이 있지는 않은지, 열이 나는지와 같이 조금 동떨어져 보이는 부위에 대해서 문진을 할 수도 있는데, 이러한 정보 수집은 다양한 계통에 대해서 질문함으로써 머릿속에 생각하고 있는 진단을 강화하거나 놓치고 있는 다른 질병들이 있는지 확인하는 과정이다. 의학적 용어로는 '계통적 문진(Review of System)'이라고 한다.

　각 계통은 의대 내에 있는 과의 분류와도 밀접하게 관련되어 있다. 내과라는 거대한 과 안에는 호흡기내과, 순환기내과, 신장내과 등 계통과 관련된 세부 분과들이 있다. 각 계통들은 그것을 구성하는 기관들로 이루어져 있는데 순환기라면 심장과 심장에 연결된 혈관들이 그에 해당할 것이다. 호흡기라면 폐와 기관, 기관지 등이 해당한다. 조금 더 자세히 내려가면 기관을 구성하는 조직들과 세포들이 있을 것이고, 그것들에 대한 이해는 치료의 방법론과 밀접하게 관련되어 있다.

　의사는 질문을 함으로써 환자가 호소하는 증상들을 의학적으로 분석하고 분류한다. 가슴이 아프다는 환자의 이야기를 명치 부근이(위치), 한 달 전부터(발생 시점) 타는 듯이(양상) 아프고, 스트레스를 받으면 더 심해진다(악화 인자)는 추가 질문들을 통해 의학적으로 심장 쪽의 문제인지 다른 쪽 문제인지 감별하는 것이다. 그리고 그것을 다른 동반 증상들이 있는지 확인하여, 의심되는 계통으로 환자를 분석함으로써 환자를 의학적 틀 내에서 진료할 수 있도록 한다.

　경험 학문인 의학은 여러 증상들을 세심하게 분류해두었으며, 많은 것들을 기관, 조직, 세포의 문제에서 설명하고자 시도하고 있다. 예를 들어, 가슴이 아픈 원인이 심장으로 들어가는 피가 상대적으로 부족하기 때문이라면, 그것은 다른 기관에 문제가 생겼을 때 발생하는 것과 다른 종류의 가슴 통증을 야기할 것이다. 그런 경우에 통증은 위치를 짚기 힘든 둔한 통증으로 나타나게 되는데, 그 이유를 통증을 전달하는 신경 섬유들의 해부학적 원리에 의해서 설명한다. 이런 식으로 여러 증상을 그 하부의 구성 요소로 설명하는 것이 의학적 설명 방법이다.

　신체검진 또한 그와 비슷한 맥락에서 이루어지는 작업이다. 신체검진의 과정은 해부학적으로 몸을 나누고 난 후, 그 안에서 또 필요한 분류를 한다. 머리, 목, 가슴, 배, 팔, 다리 등으로 신체를 해부학적으로 나누고 필요한 신체검진을 시행한다. 가슴이라면 먼저 표면적으로 보이는 문제가 없는지 보고(시진), 심음이나 호흡음 등을 듣고(청진), 흉부

환자의 시선　　　　　　　　　　　　의학적 시선

환자와 의사의 시선차이

를 두드려 보거나(타진) 만져봄으로써(촉진) 검진을 시행하는 것이 교과
서적인 신체검진이다. 그 안에서 각종 유의미한 소견들을 확인하여, 양
성(소견이 있는 경우, +)과 음성(소견이 없는 경우, -)으로 기록한다.

　이와 같은 일련의 작업들이 끝나면 정상과 비정상 소견들로 기록
지가 채워진다. 그 소견들을 종합하여 앞서 문진을 통해 얻어낸 정보를
뒷받침하는 것이다. 정상과 비정상 소견들은 그동안 축적된 의학적 지
식에 근거한 것도 있으나 통계적으로 확인된 것도 있다. 가령 고혈압의
기준 수치인 수축기 혈압 140과 이완기 혈압 90은 많은 환자들의 혈압
을 분석하여 통계적으로 나눈 기준의 결과물이다. 그러다 보니 다른 통
계 결과에서는 수축기 혈압을 130으로 봐야 한다는 주장도 있다.

　최근에 부각되고 있는 유전형을 분석하여 치료에 활용하고자 하
는 것도 '분류'라는 의학적 시선의 산물이다. 환자가 지니고 있는 유전
형들을 분석하여, 유전형들의 분포를 확인한 뒤 어떤 유전형을 가지고
있는 사람들은 특정 질병에 더 잘 걸리고, 어떤 치료법에 효과가 있는지
등의 정보를 정리하는 것이다. 이렇게 축적된 의학 지식이 어느 정도 확

립되면 새로운 치료 지침이 생긴다. 물론 도구와 방법론에는 차이가 있겠지만, 분류라는 맥락에서는 공통된 작업이다.

《 계산하기 》

의학은 점점 더 정량적인 방향으로 나아가고 있다. 가슴 청진을 하는 것과 심장초음파로 심장이 뛰는 모습을 보는 것 모두 진단을 하고자 하는 것이나, 객관성과 정량성이라는 측면에서는 차이가 있다. 심장이 뛰는 소리를 듣고 이상이 있음을 확인하는 과정은 듣는 사람에 따라 차이가 발생할 수 있다. 청진 시에는 환자의 심장에 문제가 있을 때 들리는 심장 소리를 의학 용어로 '묘사'해야 하므로 의사의 주관적 판단이 필요하여 결과물은 숫자로 나오기 곤란하며 재현하기가 어려운 경우가 많다.

반면 심초음파를 비롯한 각종 기기들은 숫자나 사진을 결과물로 제시할 수 있다는 장점이 있다. 역시 심장이 뛰는 것을 양상을 묘사한다는 점에서 차이는 없으나, 심초음파로는 심장을 구성하는 구조물이 어떤 양상으로 움직이는지 파악할 수 있으며 사진이나 동영상으로 기록을 남길 수 있다. 그리고 동영상을 통해 한 번 수축할 때 몇 %의 혈액을 분출하는지도 계산할 수 있다. 청진과 달리 심초음파의 결과물은 객관적인 사진과 영상, 숫자들로 나온다.

최근 영상 검사들이 의학적으로 매우 중요한 위치에 있게 된 것도

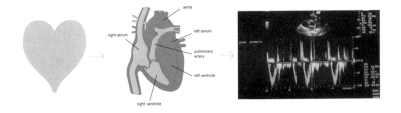

같은 이유에서다. 몸을 열지 않고도 신체의 모습을 확인할 수 있다. 그것은 큰 혁신을 이루어냈다. 몸을 열어 체내의 문제를 확인하는 것은 그 작업에 참여한 사람이 아니면 정확히 알기가 어렵다. 그러나 영상이라는 객관적인 파일이 남으면, 언제 어디서나 그 영상을 확인할 수 있으며 그것을 통해 객관적인 분석이 가능해진다. 나아가 결과물들을 수치화하여 정상과 비정상을 분류하는 기준으로 활용할 수 있다.

영상을 판독하는 영상의학 분야의 전문가들은 CT와 MRI와 같은 객관적인 영상 기기들이 발전하면서 중요성이 증가했다. 이전과는 비교할 수 없이 풍족해진 다양한 정보들을 종합하여 정상과 비정상으로 분류하려는 시도가 중요해졌다. 그 과정에서 많은 것들이 정량적으로 바뀌었는데, '종양의 크기가 몇 cm 이상일 때는 암일 확률이 높다'와 같은 정보들이 축적되기 시작했다.

근래에는 인공지능을 도입하여 그 작업이 더욱더 강화되고 있다. 알려진 영상 판독 결과물을 인공지능에게 학습시키고, 그것을 통해 정상과 비정상을 분류하는 작업을 두고 최근 활발한 연구가 진행되고 있다. 영상의학적 자료는 디지털 방식으로 저장되어 있어 컴퓨터 입장에서는 분석하기 매우 용이한 형태로 되어 있다는 것도 유리하게 작용했다. 영상들을 숫자처럼 파악해서 그 사이에서 패턴을 찾고, 어떤 패턴이 어떤 의학적 소견을 나타내는지 찾아가는 것이다.

영상의학뿐만 아니라 다른 분야에서도 정량화 작업은 활발하다. 각종 혈액 검사들은 또 다른 예다. 아침에 채혈된 수많은 혈액들은 검사실 기계에서 자동으로 분류되고 분석되어 검사 수치를 만들어낸다. 기계가 작업을 끝내면 얼마 뒤 그 결과가 주치의가 볼 수 있는 컴퓨터에 올라온다. 전산 시스템에 올라온 여러 수치들을 보고 주치의는 환자의 상태를 파악한다. 그런 수치들을 해석하는 것은 환자 진료에 매우 중요하게 작용하고 있다.

많은 혈액 검사들은 생리적 원리에 근거하고 있다. 혈액 안에 있는 세포들의 숫자를 계산하는 검사는 의료 현장에서 자주 행해지는 검사인데, 체내에서 어떤 문제가 생기면 숫자에 변동이 생긴다. 환자에서 출혈이 많으면, 적혈구 숫자를 나타내는 혈색소 수치에 변화가 되고, 의사는 그 수치를 보고 환자의 상태를 짐작할 수 있다. 감염이 심하여 염증이 생기면 면역을 담당하는 백혈구 수치가 증가하는 것도 비슷한 예다. 이러한 검사 수치들은 환자의 증상들을 보고 판단했어야 하는 '정성적 진단'을 객관적으로 끌어올리는 데 기여했다.

그 외에도 많은 생체 지표들이 동원되어 진료에 활용되고 있다. 이렇게 객관적으로 측정 가능하여 인체의 상태를 나타낼 수 있는 지표들을 '바이오마커(biomarker)'라고 하며, 각종 검사 수치뿐만 아니라 혈압, 심박수, 체온 등도 그에 해당한다. 바이오마커들은 환자의 상태를 예측하고, 치료 효과를 판단하고, 질병을 진단하는 데 활용되는 등 현대 의학의 많은 부분이 바이오마커에 기반하여 발전하고 있다. 최근 이슈가 되고 있는 모바일 의료기기는 바이오마커들을 일상생활 속에서 더 손쉽게 측정함으로써, 병원의 특정 시점에서 측정한 데이터들의 한계를 보완할 수 있을 것으로 기대된다.

◀ 해석하기 ▶

마지막 작업은 해석이다. 해석은 의학적 판단을 내려야 하는 의사에게 요구되는 가장 중요한 능력 중 하나이다. 해석이 필요한 순간은 늘 존재한다. 배가 아픈 환자가 있다고 하자. 환자의 이야기를 듣고 간단한 신체 검진까지 수행했다. 의사는 그다음 검사를 할지 말지를 결정해야 한다. 모든 검사에는 비용이 발생한다. 할 수 있는 모든 검사를 다 하면 좋겠지만, 환자에게도 부담이 크지만, 병원에 모든 검사를 다 할 수 있는 시설이 없을 수도 있다. 검사를 해야 할지는 그런 상황을 종합적으로 해석하여 의사가 결정해야 할 부분이다. 의사는 검사가 반드시 필요하다고 생각하면 환자를 설득해서라도 시행해야 할 것이다. 반대로 불필요한 검사를 시행하지 않기로 결정하는 것도 중요한 능력이다.

막상 현실에서는 그리 명쾌하지만은 않은 문제이다. 두통의 경우를 생각해보자. 두통의 대부분은 별다른 조치 없이도 좋아진다. 그러나 두통 중에는 뇌종양과 같이 치명적인 원인에 의해 발생하는 경우도 있다. 문제는 뇌종양과 같은 경우에 발생하는 두통은 뇌종양이 어느 정도 커지기 전에는 증상만으로 진단이 어렵다는 점이다. 환자의 증상은 진단에 있어 매우 중요한 요소이지만, 증상이 모든 것을 설명해줄 수는 없다.

그런 지식을 알고 있는 상태에서 두통 환자가 왔다고 하면, 검사를 시행해야 할지 결정하는 것은 의사의 몫이다. 모든 경우에 뇌영상 검사를 하면 확실하겠지만, 불필요한 시간과 비용이 낭비될 수 있다. 의사는 검사 여부를 결정하기 위해 필요한 정보들을 더 얻어내고, 그것을 잘 해석해야 한다. 만약 두통의 강도가 매우 심하고 손에 힘이 빠지는 등 평소와 너무 다른 모습을 환자가 보였다면, 의사는 두통의 원인이 심각한 원인일 가능성을 놓치지 않고 뇌영상 검사를 시행해야 한다. 반면 증상이 경미하고 늘 두통이 있어온 환자라면 검사를 하지 않고 지켜보는 것이 보다 합리적인 판단일 것이다.

하지만 의료 현장에서 위와 같이 명쾌하게 딱 떨어지는 경우는 많지 않다. 검사를 시행할지를 결정하는 것이 대부분의 경우 쉽지 않은 가치 판단의 문제가 된다. 증상이 경미하여 뇌영상 검사를 하지 않고 보낸 환자가 나중에 뇌종양이 있다는 것이 밝혀질 수도 있다. 그런 경우 환자는 오진이 된 것이라 느낄 수 있고 소송을 제기할 수도 있다. 두통의 대부분은 치료가 필요하지 않다는 근거를 통해 판단한 것이지만, 예외는 늘 존재한다.

증상은 확률의 문제가 된다. 어떤 증상이 질병 A를 의미할 확률은 있지만 100%는 아니다. 만약 드물게 발생하는 B를 놓치게 되었을 때 큰 문제가 생긴다고 하면, 검사 여부를 결정하는 의사는 상당한 갈등에 휩

싸일 수 있다. 그런 경우에 의사는 보수적인 진료 방법을 택하고자 할 것이다. 확률은 낮지만 놓쳐서는 안 될 질병을 가려낼 수 있는 검사를 시행하고자 할 것이다. 의료 소송이 늘어나고 의사에게 불리한 판결이 늘어날수록 방어적인 진료를 할 가능성은 높아진다.

그러나 방어적인 진료는 불필요한 검사 비용을 낳기 때문에, 그것을 규제하고자 하는 입장에서는 달갑지 않을 수 있다. 의료비를 줄이고자 하는 입장에서는 그것을 해결하기 위해 검사 결과에 따라 비용을 지급할지 여부를 결정하고자 한다. 가령 뇌영상 검사를 해서 종양이 나오면 검사비를 지급하지만, 그렇지 않으면 불필요한 검사로 판단하는 것이다. 그러나 검사는 가능성을 놓치지 않기 위해 하는 것이므로, 종양이 나오지 않았을 때의 검사가 불필요하다고 볼 수는 없다. 확률적 측면 때문에 검사의 필요성 여부는 늘 첨예한 갈등 요인이 되고 있다.

해석 작업은 의료 현장 곳곳에서 발생한다. 검사 결과를 해석하는 것도 단지 수치의 증감만으로 판단해서는 안 된다. 혈액 검사를 예로 들어보자. 일부 혈액 검사 수치는 같은 사람이라도 변동이 발생할 수 있다. 어떤 검사 결과는 정상치 안에 위치하지만, 질병 상태에서는 정상치 안에 들어가 있는 것이 비정상적일 수 있다. 누가 봐도 확연한 감염 소견이 있어 백혈구 수치가 상승해야 정상인데, 백혈구 수치가 그대로라고 한다면 그것은 다른 문제를 생각해봐야 하는 소견인 것이다. 수치 하나만으로는 결정이 어려운 경우가 대부분이며, 여러 가지 수치를 살펴보고, 실제 환자의 상태를 확인해야 올바른 검사 해석이 가능한 경우가 많다.

수치 해석은 쉬운 문제가 아니다. 일부 광고들에서는 검사 수치가 주는 '느낌'을 이용하여 환자를 호도하는 경우도 있다. 예를 들어 신장 질환이 있었던 환자가 어떤 치료를 받고 났더니 '혈중 크레아티닌 수치가 4.3에서 4.1로 감소, BUN이 46에서 43으로 감소'라 하는, 치료가 효과적이라는 광고 문구를 생각해보자. 문구를 보는 일반인들은 크레아티닌과 BUN이라는 지표가 감소하면 신기능이 좋아진다는 느낌을 받을 수 있고 치료에 효과가 있다고 생각할 수도 있다.

그러나 실제로 크레아티닌 수치가 4.3이나 4.1이나 모두 정상치에 비해 크게 높은 소견이라 치료 호전이라 보기에는 무리가 있다. 또 구체적으로 어떤 신장 질환이었는지도 파악해야 하며, 얼마 후에 측정된 자료인지, 투석을 받지는 않았는지 등을 고려해야 한다. 이와 같은 맥락적 증거들은 수치를 해석할 때 빼놓아서는 안 되는 정보이고, 단지 수치가 증가하고 감소했다는 것만 가지고는 질병을 정확히 판단했다고 할 수 없는 경우가 많다.

【 완벽한 검사 】

　　모든 검사는 100% 완벽할 수가 없으며, 오류가 발생할 수 있다. 그렇기 때문에 의학적 판단을 하기 위해서는 여러 정황을 종합적으로 고려해야 한다는 지극히 당연한 말을 할 수밖에 없다. 의학적 판단이 틀리는 이유에는 여러 가지가 있지만, 구조적인 문제도 있다. 잘 알려진 한 가지 예를 확인해보자.

　　A라는 질병을 검사하는 장비 B는 꽤 정확한 기기다. 실제로 질병이 있는 사람들을 '질병이 있다'고 진단할 확률은 99%이고, 질병이 없는 경우에 '질병이 없다'고 진단할 확률도 99%이다. 꽤나 완벽한 검사처럼 보인다. C씨는 어느 날 건강검진에서 A라는 질병에 대한 검사를 받았는데, 충격적이게도 '질병이 있다'는 결과가 나왔다. A라는 질병은 꽤 심각한 질병이기 때문에 C씨는 충격에 휩싸였다. 이런 상황에서 C씨가 실제로 질병에 걸렸을 확률은 어떻게 될 것

인가?

　대체로 99%라고 생각하게 될 것이다. 실제는 그와 다르다. 진단기기 B는 '질병이 있는 사람들'을 '질병이 있다고 진단'할 확률이 99%이다. 한편 이 경우는 '질병이 있다고 진단'된 경우에서 '질병이 있을' 확률을 구하는 것이다. 미묘한 차이 같아 보이지만 실제로는 엄청난 차이가 있다.

　이 경우 질병에 걸린 사람이 전체 집단에서 얼마나 분포하고 있는지가 중요한 문제가 된다. 아래의 표를 보자.

인턴 A	실제 질병 있는 경우	실제 질병 없는 경우	총계
진단에서 양성	99(a)	1(b)	100
진단에서 음성	1(c)	99(d)	100
총계	100	100	200

질병에 걸린 사람이 꽤 높은 비율로 존재하는 경우

　위와 같은 경우는 전체 사람들 중에서 50%가 질병에 걸린 경우이다. (a+c/a+b+c+d=100/200) 이런 경우라면 진단에서 양성(질병이 있다)이 나온 경우, 99%의 확률(a/a+b=100/200)로 실제로 질병이 있는 사례가 나오게 된다. 분자와 분모를 잘 확인하도록 하자.

　한편, 이 경우는 상당히 다른 결과가 나오게 된다.

인턴 A	실제 질병 있는 경우	실제 질병 없는 경우	총계
진단에서 양성	99	10000	10099
진단에서 음성	1	990000	990001
총계	100	1000000	1000100

질병에 걸린 사람이 드문 경우

이 경우는 약 0.01%만 질병에 걸린 경우다(100/990101). 이 경우에는 놀랍게도 진단에서 양성이 나왔다 하더라도 실제 질병에 걸렸을 확률은 99/10099로, 약 1%밖에 되지 않는다. 즉, 나머지 99%는 실제로 병에 걸리지 않았음에도 불구하고 질병이 있다고 진단되는 경우다.

위 기사에 나온 에이즈와 같은 질병들이 이런 경우에 해당한다. 에이즈와 같이 걸린 사람의 비율이 낮은 질병들은 검사 기기가 꽤 정확하더라도, 오진을 내릴 확률이 존재한다. 실제로 에이즈와 같은 경우는 추가 검사를 더 시행해서 양성이 나오면 에이즈로 확진하게 되어 있다.

마찬가지로 다른 검사들도 여러 이유로 실제와 다른 진단이 나올 수 있다. 반대로 문제가 있는데도 문제가 없다는 잘못된 진단이 나올 수도 있다. 위 경우는 아주 고전적인 경우의 문제이지만, 검사 결과를 해석하는 것이 얼마나 어려울지를 잘 보여준다. 여러 검사 결과와 환자의 상태를 종합적으로 고려하여 해석하는 과정이 중요한 이유다.

현대 의학은 해마다 발전을 거듭하여 새로운 무기들을 개발해내고 있다. 10년 전에는 존재하지 않았던 각종 검사 장비들과 치료제들이 질병에 대항할 무기로 개발되고 있다. 그러나 과연 이 무기들은 잘 작동하고 있을까? 현대 의학은 그들이 가진 무기 하나하나를 통계적으로 분석하여 비교하고, 효과를 증명해야 함을 요구하고 있다. 의학적 시선은 점점 더 세밀하고 꼼꼼하게 변하고 있다. 그러나 한편에서는 아직 해결되지 못한 질병들이 남아 있다. 삶을 향한 간절한 연구 한편에서 그 동안 간과했던 고귀한 죽음의 문제도 현대 의학이 해결할 문제 중의 하나이다. 현대 의학은 그 동안 간과했던 문제들인 죽음과 고귀한 삶이라는 문제들도 해결하기 위해 노력 중이다.

의학의 속사정

약은 의사가 사용할 수 있는 강력한 무기다. 생리적인 정상 상태에서 벗어난 것은 대개 시간이 지나면 정상으로 돌아오고 그것을 의학적으로 항상성이라 표현한다. 그러나 때로는 그렇지 못한 경우가 있고 그 경우 사용할 수 있는 것이 바로 약이다. 약은 몸 안의 무언가를 올리거나, 내리거나, 없애거나, 만들 수 있다. 의사의 다양한 기능을 지닌 강력한 무기인 것이다. 그것을 얼마나 정교하게 이용하느냐에 따라서 질병과의 전투가 달라진다.

약에 대해 유명한 격언이 있다. "모든 약은 독이다." 고대의 한 의사가 주장한 것이지만, 지금까지도 종종 회자되는 경구다. 모든 약이 독이라는 것은 무슨 의미일까? 사실 그 뒤에는 "다만 용량이 문제일 뿐,

독성이 없는 약은 없다"라는 문장이 있었다. 이 경구는 약을 효과적으로 쓰는 것이 얼마나 중요한지에 대해서 강조하는 문구이기도 하며, 그것을 이해하기 위해서는 약이 우리 몸에서 어떻게 기능하는지를 알아야 할 것이다.

약이 효과를 내기 위해서는 어떤 방식으로든지 몸 속으로 들어가야 한다. 먹는 약이라면 입을 통해 들어가고, 바르는 약이라면 피부를 통해, 주사약이라면 혈관을 통해 들어갈 것이다. 물과 함께 삼킨 약은 식도와 위를 거쳐 장에서 몸속으로 흡수된다. 흡수된 약은 대개 간으로 연결된 혈관을 타고 간을 거친 후 온몸을 순환한다. 만약 약을 주사로 놨다면 그 약은 간을 거치지 않고 바로 온몸을 순환하여 작용한다.

그와 같은 미세해 보이는 내용들은 약을 사용하는 데 있어 의외로 중요한 역할을 한다. 먹는 약들은 흡수되는 과정이 있기 때문에 그 만큼 효과가 늦어질 수 있고, 제대로 흡수되지 못하는 경우도 있다. 반면 주사약들은 즉각적인 효과를 나타내는데, 그것은 흡수되는 과정이 생략되었기 때문이다. 약을 어떤 경로로 줄지에 대한 문제는 치료를 결정하는 데 있어 놓쳐서는 안 된다.

한편 몸 안에 들어간 약들은 언젠가는 분해되어 몸 밖으로 나와야 할 것이다. 주로 간과 신장이라는 기관이 그런 역할을 한다. 우리 몸 입장에서 약은 외부의 물질이므로, 밖으로 내보내져야 하고 그것은 많은 경우에 간에 의해서 이루어진다. 간에는 그런 기능을 하는 효소들이 많이 존재하는데, 일부 효소들은 사람들마다 기능 차이가 있다. 같은 약을 주어도 어떤 사람들은 약효가 있고 어떤 사람들은 없는 것 중에 일부는 간에 있는 효소들의 기능 차이에 의해 설명되기도 한다.

약에서 용량은 중요한 문제다. 같은 약이라도 용량이 너무 적으면 아무 효과가 없을 수도 있고, 용량이 너무 크면 부작용이 심할 수 있다. 복용한 용량보다 중요한 것은 몸에 흡수되어 혈관을 타고 돌아다니는 양인데, 아무리 약을 많이 먹어도 흡수가 안 된다면 약은 기능을 할 수가 없다. 특히 먹는 약은 흡수 과정에 영향을 주는 요인들이 많고, 그중에 중요한 것이 '함께 먹는 음식'이다. 어떤 약들은 음식과 함께 먹으면 흡수가 잘 되지 않는 경우도 있다. 각종 약의 용법이 정해진 것은 음식물의 영향을 확인한 일련의 연구 결과물을 토대로 만들어진다.

몸에 들어간 약들이 하는 일들은 세포 수준으로 미세하게 살펴봐야 한다. 체내에는 여러 세포들이 있고, 그 세포들에는 약 분자가 작용하게 되는 수용체라는 것이 있다. 수용체는 세포마다 여러 가지가 존재하며, 어떤 수용체는 특정한 세포에만 있을 수 있고 어떤 것은 여기저기 다 있을 수 있다.

몸속 곳곳에 도달한 약이 그 수용체의 기능을 떨어뜨린다고 해보자. 온몸 곳곳에 퍼진 약은 수용체가 있는 곳마다 기능 저하를 가져오게 될 것이다. 문제가 되는 곳에만 수용체가 있다면 원하는 약효가 나오겠지만, 다른 곳의 수용체들을 건드리게 되면 원치 않는 반응이 나올 수 있다. 그게 바로 '부작용'이다. 흔히 쓰는 말인 부작용(副作用)은 '나쁜 반응'을 뜻하는 것이 아니고 '원래 의도한 것과 다른 반응'을 뜻한다. 많은 경우에 그것을 수용체를 이용하여 설명할 수 있다.

약이 작용하는 것이 수용체와 관련 있다는 점은 흥미로운 사실들을 설명해준다. 군대에서 머리가 아파서 먹는 약과 무릎이 욱신거릴 때 주는 약이 같은 이유는, 군대에 약이 없는 것도 이유겠지만 약이 머리나 무릎이라는 기관에 작용하는 것이 아닌 공통적으로 통증과 관련된 수용체들에 작용하기 때문이다. 지금도 개발되고 있는 수많은 약들은 세포 수준에서 어떤 일들을 하는지가 연구되고 있으며, 그런 것을 (작용)기전(mechanism of action)이라고 표현한다. 어떤 약의 기전을 아는 것은 약을 정확히 사용하는 데 있어 상당히 중요한 부분이다.

약을 사용함에 있어서 아직 난점은 많다. 기전이 밝혀진 약물이라도, 실제 사람에 사용할 때는 다른 일이 벌어질 수 있다. 기전에 대한 연구는 실험실의 세포나, 조직 또는 동물 등에서 확인된 결과인데 사람에서 일어나는 일은 그와 다른 양상을 띨 수 있기 때문이다. 또한 사람마다 다른 유전자를 가지고 있는데, 그것이 약에 큰 영향을 주는 경우도 존재한다. 그런 약에 대한 연구는 여러 방면에서 이루어지고 있으며, 현대 의학의 큰 과제 중 하나이다.

《 두꺼워진 의학서 》

현대 의학의 또 다른 중요한 흐름은 '근거중심의학(evidence-based medicine)'이라고 할 수 있다. 근거중심의학은 기존의 의사 개개인의 경험에서 근거한 의학을 탈피하고, 객관적으로 증명된 사실들에 근거해 진료를 하자는 전략이다.

예를 들어 계속 기침을 하는 환자가 왔다고 하자. 의사는 이 환자에게 어떤 조치를 할 수 있을까? 경험이 많은 의사라면 이런 환자들을 많이 봐왔을 것이고, 그 상황에 주로 사용해왔던 약이 있을 것이다. 아니면 기침이 발생하는 기전을 생각해보고 그에 관한 약을 사용할 수도 있다.

경험에 근거한 여러 치료법이 있을 때, 어떤 것이 효과적일까? 근거중심의학은 모든 치료법에 충분히 검증된 근거를 요구한다. 그 근거들을 확보하기 위해 의학자들은 많은 연구 결과를 정리한 논문들을 체계적으로 분석하고, 임상시험을 수행하여 결과를 객관적으로 비교해보게 된다. 이러한 연구 방법들은 근거중심의학에서 높은 증거의 수준을 지니고 있다. 반면 권위자의 의견이나 개별적인 사례는 효과가 있을지언정, 근거중심의학 측면에서는 증거의 수준이 높지 않은 것으로 분류된다.

이런 근거중심의학은 의학을 통계적으로 분석하는 경향을 만들어냈다. 근거중심의학의 연구방법론 하에서, 기존에 효과가 있다고 알려졌던 많은 방법들이 실제로는 효과가 없거나 오히려 악영향을 끼치고 있음이 통계적으로 밝혀지기도 했다. 해마다 그러한 근거들을 정리하여 각 의학협회에서는 표준적인 가이드라인을 제시하며, 의사 각 개인은 그러한 가이드라인을 따를 것을 권고 받는다.

이러한 근거중심의학 하에서 의학은 '예술'보다는 '과학'의 측면을 강조하고, 나아가 실제로 증거가 있는지를 검증하는 작업을 까다롭게 요구한다. 근거중심의학 하에서 의사가 요구받는 역할은 예술가라기보단 과학자에 가까워졌다. 의사는 검증된 근거 하에서 나온 치료 지침(가이드라인)을 바탕으로 진료하도록 권고 받고 있으며, 그 과정에서 의사의 업무는 점점 표준화된다. 특히 의학연구의 결과물이 하루가 멀다

하고 산더미처럼 쌓이는 현대에서는, 의사의 정체성이 컴퓨터가 제시하는 최적 치료법을 수행하는 수행자로 변모할 가능성도 제기되고 있다.

그러나 한편으로는 근거중심의학에 대한 반론도 제기된다. 근거중심의학은 지나치게 통계적이며, 실제 현실을 제대로 반영하지 못할 수도 있다는 것이다. 실제로 근거중심의학에서 중요한 근거로 활용하는 임상시험은 어찌 보면 실제 환경과 거리가 멀 가능성이 높다. 임상시험은 많은 것들이 통제된 환경 하에서 수행되는 것인데, 온갖 변수가 가득한 현실 상황에 대입할 수 있는 것인지에 대한 지적이 꾸준히 제기되고 있다. 뿐만 아니라 글이나 수치로 표현하기 힘든 직관이라는 점도 치료에 있어서 결코 무시할 수 없는 부분이므로, 근거중심의학에 대한 맹신은 위험할 수 있다는 비판도 제기된다.

최근에는 개인 간의 다양한 차이까지 고려한 '개인맞춤의학'이라는 개념이 등장하고 있다. 유전자를 분석하여 개인별로 치료법을 다르게 하고, 질병도 유전자 기반으로 분류하려는 흐름이 최근 급물살을 탔다. 이전에는 모양이 비슷한 현미경들로 관찰한 조직의 모양에 따라 한 종류로만 분류됐던 암들이, 유전자와 관련된 연구 이후로 세밀하게 분류되었고, 그에 기반을 둔 표적 치료들이 개발되었다. 암뿐만 아니라 심혈관계 질환, 면역 질환, 신경계 질환 등 다양한 분야에서 유전자에 대한 연구가 이루어지고 있고 많은 내용들이 알려지고 있다.

그런 상황에서 우리 시대의 의사들은 수많은 근거들의 홍수 속에서 열심히 헤엄치는 상황이 되었다. 20년 전 500쪽에 불과했다는 의학 교과서가 지금 4,000쪽을 넘어선 것은, 앞으로 8,000쪽이 될 가능성이 있다는 말이다. 점점 증가하고 있는 의학 지식 속에서 의사들은 상당한

도전에 직면하게 되었으며, 의사들은 그 흐름에 적극적으로 적응하거나 때로는 저항하고 있다.

《 어떻게 죽을 것인가의 문제 》

그러나 격렬한 의학의 발전 현장에서도 모든 병이 치료되지는 못했다. 온몸에 전이가 되어버린 암은 아직도 완벽히 치료하지 못하는 경우가 많으며, 여전히 의학의 한계는 존재한다.

큰 병원일수록 치료가 어려운 환자들이 온다. 여러 가지 시도를 했음에도 불구하고 효과가 없어 더 이상 시도할 치료가 없는 경우, 환자와 의료진은 막다른 골목에 처한 느낌을 받는다. 생명유지장치의 발달로 의식이 없어도 기계의 힘을 빌려 호흡을 하고, 심장이 잘 뛰지 않아도 각종 약들로 억지로 현상을 유지할 수는 있게 되었으나, 그것은 모두가 원하는 삶의 모습과는 다소 거리가 있다.

대중 매체에서 극적으로 다뤄지는 심폐소생술 현장은 생각보다 희망적이지만은 않다. 특히나 큰 병원에 오랫동안 있었던 환자일수록 심폐소생술을 해야 할 상황이 오면 결과가 좋지 못할 가능성이 높다. 그런 환자는 심장이 일시적으로 문제가 생긴 게 아니라, 모든 것이 나빠지고 있는 상황에서 심장마저 문제가 생긴 경우이기 때문이다.

심폐소생술 현장은 생각보다 참혹하다. 심폐소생술 과정에서 강하게 가슴을 누르는 것은 의식 있는 환자에게는 엄청난 고통을 준다고 하며, 심한 경우 갈비뼈가 심폐소생술 과정에서 부러지기도 한다. 뿐만 아니라 스스로 호흡을 하지 못하는 경우 인공호흡기를 연결해야 하는데, 기도로 삽관을 한다. 목에 굵직한 관이 들어온다고 생각해보면, 삽관 역시 엄청난 고통을 준다. 보통 사람은 상상하기도 힘든 고통이 환자에게 가해지는 게 어찌 보면 심폐소생술의 과정이다.

환자가 죽음을 맞이할 수밖에 없는 상황에서 그것을 어떻게 맞이할지는 어떻게 살릴 것인지와 또 다른 중요한 문제이다. 보호자의 입장에서는 환자가 어떻게든 살아나기를 바랄 수밖에 없으나, 심폐소생술로 살아난 환자는 다시 나빠질 가능성이 높고 그 과정에서 엄청난 고통이 발생한다. 뿐만 아니라 심폐소생술은 많은 의료진을 필요로 하고 엄청난 체력 소모를 요구하기도 하기 때문에 무작정 진행할 수는 없다.

그런 상황에서 작성되는 것이 '심폐소생술 포기(Do Not Resuscitate, DNR) 동의서'이다. 의료진들이 열심히 심폐소생술을 하는 동안, 환자의 담당 주치의는 보호자에게 심폐소생술을 지속할 것인지를 물어본다. 환자는 의식이 없어 그런 것을 물어볼 수 없는 상황이다. 너무나도 참혹한 상황이지만, 그렇다고 피할 수만은 없는 문제이다.

더 이상 희망이 없는 상황에서 어떤 조치를 할지에 대한 논의는 끊임없이 이루어지고 있다. 효과가 있을 확률이 희박하고 많은 비용이 발생하지만 계속 치료를 시도할 것인지, 그렇지 않다면 더 이상 치료를 하지 않고 마음의 안식을 취할 기회를 주는 것이 맞는지, 사람마다 다른 의견을 지니고 있어 결코 쉽게 단정 지을 수 없는 문제이다. 치료를 한다 하더라도 어떤 치료를 할지, 즉 중환자실에 갈 것인지, 심폐소생술을 할 것인지, 인공호흡을 할 것인지, 승압제를 쓸 것인지 등등 결정해야 할 구체적인 항목들이 존재한다.

'호스피스 완화의료'에 대한 논의도 중요시되고 있다. 호스피스 완화의료란 "통증 등 환자를 힘들게 하는 신체적 증상을 적극적으로 조절하고, 환자와 가족의 심리 사회적, 영적 어려움을 돕고 이를 위해 의사, 간호사, 사회복지사 등으로 이루어진 완화의료 전문가가 팀을 이루어 환자와 가족의 고통을 경감시켜 삶의 질을 향상시키는 것을 목표로 하는 의료 서비스"라고 규정되어 있다. 의학에서 삶에 대한 논의만큼 죽음에 대한 논의도 중요하게 다뤄지고 있는 것이다.

【 유사의학 】

안아키 1년… 애는 호흡곤란·폐렴에
입학도 못했습니다
조선일보 2017.10.14.

"예방접종 못 믿어"
무접종 육아 택하는 부모들
헤럴드경제 2015.11.26.

현대 의학이 발달한 국가에서도 현대 의학에서 다루지 않는 치료들이 행해지고 있는 경우가 많다. 때로는 대체 의학으로 불리기도 하며, 비판론자들은 유사의학·유사과학으로 강하게 비판하기도 한다.

이에 대한 논쟁은 전세계적이다. 현대 의학이 발전하지 않은 국가뿐만 아니라, 현대 의학이 극도로 발전한 미국과 같은 국가에서도 대체의학은 무시 못할 신봉자를 지니고 있으며, 미국 국립보건원(NIH)에서도 별도의 부서를 만들어 대체의학에 대한 연구를 진행하고 있다. 이 중 일부는 효과가 확인되어 과학적인 연구가 진행되는 경우도 있다.

그러나 한편으로는 돌이킬 수 없는 문제들을 일으키는 경우도 생긴다. 최근에 이슈가 되었던 '안아키'와 같은 소위 '자연주의 치료'는 검증되지 않은 유사 의학에 대한 맹신이 낳을 수 있는 폐해의 대표적인 예이다. 이와 같은 유사 의학의 사례는 역사적으로 존재해왔으며, 백신 반대 운동과 같이 의학적으로 큰 문제를 끼칠 수 있는 사례도 상당하다.

현대 의학을 비판하는 의견 중에서 이와 같은 자연주의에 해당하는 논리들이 많다. 특히 현대 의학에서 사용하고 있는 각종 약들은 독이나 다름없으며, 질병을 치유하는 것은 우리 몸의 면역이나 음양의 조화이므로, 인위적인 화학 물질인 약물 대신 자연에서 난 신선한 음식과 약초들을 사용해서 치료해야만 한다는 것이 주된 논리다.

이와 같은 논리들은 그 자체가 결점 투성이다. 사실 현대 의학에서 사용하고 있는 약 중에 꽤 많은 부분은 '자연'에서 왔다. 아스피린이 버드나무 껍질에서 추출된 것이라는 것은 이미 잘 알려진 사실이며, 다른 약들도 소위 자연에서 온 것이 적지 않음을 쉽게 확인할 수 있다. 그중 의약품으로 사용하는 것은 그것 중 약효가 있다고 알려진 것을 정제한 성분인 것이다. 오히려 '자연'에서 온 물질 중 위험한 것이 많으며, 그것들은 성분들을 정확히 알기 어렵기 때문에 원인 규명이 어려운 경우도 많다.

그와 같은 끊임없는 논쟁 속에서 가장 중요한 것은 검증일 것이다. 어떤 결과를 많은 사람에게 적용하기 위해서는 충분한 검증을 통해 안전성이 확보되어야 한다. 과거 수많은 시행착오로 인해 발생한 비극적인 사고들을 오늘날 반복할 이유는 없다. 건강한 사람에게 문제를 일으키지는 않는지, 실제로 약효가 있는지 등의 문제들을 과학적으로 검증하는 것은 가치관의 문제라기보다 당위의 문제다. 검증의 과정에 이념의 잣대를 씌우는 것은 모두의 안전을 위험에 빠뜨리는 음해가 될 가능성이 높다.

어느 날 아침 그가 불안한 꿈에서 깨어났을 때, 그는 자신이 침대 속 한 마리 흉측한 벌레로 변해 있지 않음을 안도했다. 늘 그렇듯 무거운 팔다리가 아침을 구성했으나, 따르릉거리는 알람 소리가 반복되자 투덜거리며 일어나 병원으로 향하는 발걸음을 재촉했다.

그는 때로 흰 가운을 입은 녹음기가 되어버린 느낌이다. 늘 같은 말을 왱알왱알 반복하다 보면 영혼이 빠져나가는 기분이 들 때가 많다. 진료실은, 환자에게는 진심이 필요한 공간이나 의사에게는 직장인 것이다. 오늘도 입에서 나오는 말들에 영혼이 부족함을 고뇌하다, 모욕적인 말을 내뱉는 환자를 보며 남은 것은 분노와 비참함뿐이었다.

환자와 의사의 공간

모든 의학적 문제는 결정과 관련이 있다. 내게 이 수술이 필요한가, 이 검사를 받아도 문제는 없는가는 모두 결정과 관련이 있다. 다른 선택지에 대해서도 따져보아야 할 것이다. 최선을 선택하는 것이 의사와 병원에 기대하는 것이며, 실제로 그것은 의사와 병원이 제공해야 할 문제가 되었다.

흰 가운과 묵직한 의학서로부터 결정이 내려지고 그것을 환자가 응당 따라야 했던 시절과, 인터넷에 흩뿌려진 의학 상식과 언제 나온지도 모르는 논문 내용들을 쉽게 접할 수 있는 오늘날은 다르다. 의사는 이제 충분한 선택지를 제공해주어야 하며, 그 선택지가 어떤 내용을 담고 있는지 환자에게 찬찬히 설명해주어야 할 의무를 지닌다.

의료 현장에서 동의서를 받는 일은 꽤 큰 비중을 차지한다. 병원에서 이루어지는 많은 검사와 처치에는 환자의 동의가 필요한 것이 많으며, 이 경우 동의서라는 것을 받아 환자가 자발적으로 동의했음을 기록으로 남겨야 한다. 그것은 필요하다고 생각되는 조치를 선택함으로써 발생할 수 있는 위험과 기회비용에 대해서 환자도 동의했음을 보여주는 절차이고, 책임을 서로 나누는 것이라고도 할 수 있다. 아직 의학은 모든 것을 예측하지 못하기에, 예상치 못하게 발생할 수 있는 일들에 대한 위험 부담은 모두가 알고 동의해야 하는 것이다.

그러나 막상 실제 진료가 이루어지는 과정을 들여다보면 모두가 별로 만족스러운 상황에 이르지 못한다. 몇 시간을 기다려 도착한 병원의 의사는 그리 친절해 보이지 않으며, 빨리빨리 다음 환자를 받으려 하는 느낌뿐이다. 담당 의사는 얼굴 한 번 보기 어렵고, 가끔 와서 뭘 해야 한다고 하는데 알아듣기 어렵다. 의사의 말은 늘 너무 빠르며 전문 용어로 가득하고, 때때로 무례하거나 권위적이다. 궁금해 하는 것은 설명해주지 않은 채, 돌아오는 것은 뭘 해야 한다는 내용들이다.

일반인과 의사의 사이에 있는 의대생들은 그러한 현장에서 충격을 받는다. 의대 교육 과정에서 설명하는 의사는 중학생도 이해할 수 있는 수준의 용어를 사용해야 한다. 또한 환자의 의견을 존중하고, 질문을 충분히 받아야 한다. 그렇게 당연해 보이는 것들은 막상 의료 현장에 가면 찾아보기 어렵다. 말이 너무 빠르거나 때로는 고압적이며, 심지어 설명 자체를 귀찮아하는 모습이 눈에 띈다. 의대생은 그 괴리 속에서 당황한다.

그랬던 의대생들은 의사가 되자마자 미칠 듯이 몰아치는 업무의

포화를 체험한다. 일은 늘 끊이지 않으며, 챙겨야 할 환자들은 많다. 인턴 시절부터 동의서는 산더미처럼 쌓인 일 중 그저 하나일 뿐이다. 처음에는 열심히 하나하나 설명하지만, 쳇바퀴처럼 반복되는 일을 하다 보면 영혼 없는 녹음기처럼 줄줄줄 설명을 늘어놓는 자신을 발견하게 된다. 설명을 하는 사이에 다른 일을 해달라는 전화가 빗발치는 건 일상적인 일이다.

그러나 그렇다고 해서 대충대충 할 수는 없다. 대부분의 동의서들은 원칙적으로 의사가 받아야 하는 것으로, 동의서가 없으면 절차 자체를 진행할 수 없다. 동의서에 있는 내용들을 설명하지 않고 넘어갔는데 나중에 문제가 터지면 왜 설명을 하지 않았느냐는 심각한 문제가 될 수 있다. 그래서 인턴들은 병동 여기저기를 뛰어다니며 급하게 각종 검사 동의서들을 받고, 주치의들은 수술 전날 환자들을 찾아가 허겁지겁 수술에 대한 설명을 하는 것이다.

의사가 된 의대생들은, 어느 순간 모든 것이 당연해진다. 설명을 해도 잘 알아듣지 못하는 것 같고, 시간은 없다. 자꾸 물어보는 질문도 대답하기 귀찮으며, 피곤하다. 명쾌한 설명을 하고는 싶으나 생각보다 쉽지 않고, 늘 하던 방식으로 갈 수밖에 없다. 그리고 의사가 될 의대생들은 그 광경을 목격하고, 그들이 의사가 됐을 때 똑같이 반복한다.

그 이면에는 생각보다 기술적인 문제가 존재한다. 동의서에 있는 내용을 어디까지 설명해야 할지도 실제 상황에서는 생각보다 결정하기 어려운 문제가 된다. 장황한 동의서를 줄줄줄 다 읽기에 시간은 전혀 넉넉하지 않으며, 다 읽는다 하더라도 환자는 이해하지 못할 수 있다. 환자 입장에서는 자신이 꼭 알아야 하는 것이 무엇인지 짚어주지 않으면 곤란하다. 답답한 마음에 질문을 하지만, 자꾸 시간만 길어져 모두가 불편해진다.

용어도 쉽지 않다. 의학적 용어를 일상적인 사물로 치환하는 순간, 중요한 부분을 놓칠 수 있다. 의사는 가끔 이해를 돕기 위해 사용된 비유가 오해를 낳을 수 있음에 당황하곤 한다. 다른 의료진들에게 갈 것을 대비해서 정확한 용어를 사용할 필요성도 느낀다. 무엇을 어떻게 비유해서 설명할지도 고민해야 한다.

이런 상황에서 동의 과정은 법적으로 강화되고 있다. 일촉즉발의 위기 상황에서 필요한 동의 절차, 의식이 없고 더 이상의 치료가 없는 환자에서 치료 지속의 결정 등 복잡한 상황에서 동의가 중요해지고 있다. 그러나 막상 현장에서 발생할 수 있는 어려움들은 아직 제대로 고려되거나 해결되지 못한 실정이다. 미리 수술 과정에 대한 동영상을 보내주고 궁금한 것은 직접 동의를 받을 때 물어보는 식으로 신선한 시도들을 하고 있으나, 설명과 동의의 절차에 대한 합의는 갈 길이 요원하다.

《 예방과 치료 》

맵고 짠 음식, 기름진 음식을 삼가십시오. 술을 적당히 드십시오. 담배 피우지 마십시오. 진료실은 의사의 잔소리로 가득하다. 아침마다 속이 쓰려 병원을 찾은 대학생 A씨는 무미건조한 조언들에 영혼 없는 "네,

네"를 읊조리며 병원을 나가 약을 처방받았다. 왜 이렇게 의사들의 잔소리가 늘어난 것인지 의문스럽다.

담배는 발견될 때부터 해로운 것이었을까? 담배를 약초로 불렀다는 옛 이야기를 떠올려보면, 사실 처음에는 담배가 해로운 것을 알지 못했을 것이다. 어떤 계기에 의해서 담배의 해로움이 알려졌을 것이다. 마찬가지로 늘 먹고 지냈던 맵고 짠 음식과 위암과의 관계는 누군가에 의해 알려졌을 것이다. 덕분에 우리는 김치찌개를 먹을 때도 나트륨과 고혈압, 그리고 건강에 대해 한 번쯤 생각해보게 되었다.

의학의 발전사에서 통계는 어느 순간 너무나도 중요해졌다. 담배의 위험성을 발견한 조악한 통계 연구는 의학과 통계가 결합한 초창기의 한 사례이다. 한 의학자가 폐암에 걸린 사람들을 조사해본 결과, 담배를 많이 피웠던 사람들이 폐암에 걸린 환자가 그렇지 않은 사람들보다 압도적으로 높았다. 그런 연구들을 시초로, 많은 연구들이 통계적 방법론 위에서 진행되었고 담배, 술, 나트륨 등 많은 위험 인자들이 알려지기 시작했다. 그것이 진행되면서 어느 순간 의학은 사람들의 삶을 간섭하기 시작했다. 질병을 치료하던 의학에서 질병을 예방하는 의학으로 나아간 것이다. 이제 건강은 예방의 문제가 되어, 건강해지기 위하여 사람들 스스로가 노력해야 하게 되었다.

어떤 것이 위험 인자인지를 밝히는 일은 생각보다 쉬운 일은 아니었고, 지금도 어려운 일이다. 재치 있는 과학자들은 초콜릿 섭취가 많은 국가들에서 인구 백만 명당 노벨상 수상자의 비율이 높은 사실을 발견하고, 연구결과를 권위 있는 의학 잡지에 투고하였다. 초콜릿 안에 들어 있는 카페인 성분들이 인지 기능을 개선하고, 그것이 노벨상 수상으

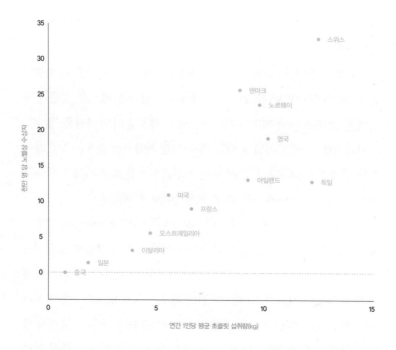

초콜릿 섭취와 노벨상의 상관관계, (N Engl J Med 2012)

로 이어졌다는 것이다. 노벨상을 갈망하는 대한민국의 정치인들이 이 논문을 읽는다면 지금 당장 초콜릿 섭취를 의무화할 것이다.

아쉽게도 그 논문은 그렇게 해서는 안 된다는 결론을 위해 쓰였다. 초콜릿 섭취량과 노벨상 수상자 사이의 관계를 관찰하는 것만으로는 둘 사이의 인과 관계를 알 수 없다는 사실이 이 논문의 결론이었다. 초콜릿 섭취와 노벨상 사이에는 셀 수 없이 많은 인자들이 존재하고 있으며, 둘 사이의 관계를 확인하는 데는 해석과 더 많은 근거가 필요하다. 근거중심의학은 그러한 인자들을 정확히 분석하고자 하는 노력에서 탄생한 산물이다.

의학은 이제 더 이상 사회와 무관하지 않다. 건강을 위한 올바른 생활 습관뿐만 아니라, 근무 환경이 건강에 미치는 영향도 누군가에 의해 연구되고 있다. 어떤 화학 물질에 오래 노출된 사람은 백혈병에 걸릴 확률이 훨씬 높다는 것과 같은 사실들이 발견되면서 근무 환경을 관리하는 시도와 법들이 정착하기 시작했다. 그러나 때로는 가습기 살균제에 노출된 아이들이 폐 손상을 입는 일처럼, 미처 알지 못한 사태가 발생하기도 한다.

의학적 발견의 산물들은 때때로 우리의 생활과 사회를 통제하기도 한다. 질병의 예방은 한 국가의 중대사가 되어 국가는 질병을 발생할 수 있는 위험 인자로부터 사람을 지키고 건강한 생활을 권한다. 담배와 건강과의 관계가 잘 정립되자, 국가는 금연 광고를 하고 담뱃값에 질병에 걸린 매력적이지 못한 사진들을 붙이도록 법적으로 강제하고 있다. 비슷한 맥락에서 각종 건강 캠페인들을 진행하고 올바른 의학 상식을 전파하고 있으며, 사회의 건강과 관련된 규제 법안들을 제출하기도 한다.

그러나 아쉽게도 의학이 권장하는 생활 습관들은 아주 고통스럽다. 맵고 짠 음식들은 우리가 즐겨 먹는 음식인데, 그 행복을 건강을 위해 포기해야만 한다. 술과 담배는 말할 것도 없다. 비만은 의학적 문제처럼 되어 고통스러운 다이어트를 해야 할 당위성이 만들어진다. 신선한 채소와 과일을 자주 먹으라고 하나, 그것을 꼬박꼬박 구해서 먹는 일은 그리 쉽지 않다.

이쯤에서 한 번 의문을 제기해보고 싶을 것이다. 의학은 어디까지 사람들에게 영향력을 행사해야 할까? 의학 연구가 진행되면서 건강을 위협하는 일상의 위험 인자들이 새로이 밝혀지고 있다. 관리해야 할 것이 늘어나면 늘어날수록 우리의 삶은 더 팍팍해질 가능성이 있다. 한편으로는 장차 발생할 질병들을 사전에 차단함으로써, 우리의 삶의 질을 궁극적으로 올릴 수도 있을 것이다. 질병 예방의 문제는 이제 의학에서 간과할 수 없는 중요한 위치를 차지하고 있으며, 그것은 우리의 삶과 행동 방식에도 영향을 주게 되었다.

◀ 우선순위 정하기 ▶

응급실은 대표적인 우선순위 설정의 공간이다. 갑자기 응급실에 들이닥친 열 명의 환자들은 온 순서대로 진료 받지 않는다. 가장 뒤늦게 왔지만 심장이 정지하고 의식이 없는 열 번째 환자는 응급실 문 앞에 오자마자 그를 향해 달려오는 수 명의 의료진들과 마주한다. 한 시간 정도 전에 배탈이 심해 응급실을 찾은 20대의 젊은 남성 환자는 그 환자보다 우선순위가 밀려 있을 것이다. 가장 위중한 환자가 가장 먼저 진료를 받는 곳이 응급실이다.

응급실뿐이 아니다. 대부분의 의료의 현장에서는 우선순위가 가장 높은 일이 무엇인지 결정해야 하는 상황이 자주 발생한다. 의사들은 의대생 시절부터 병원에서 근무하게 될 때까지 우선순위를 판단하는

일들로 하루를 보낸다. 피에 세균들이 돌아다닐 정도로 감염이 심각한 환자에게 항생제를 주려고 하는데, 투여할 항생제가 신장에 문제를 일으킬 수 있다면 어떻게 해야 할 것인가? 관절염으로 생활이 불편한 노인 환자에게 관절 수술이 필요한데, 환자가 수술을 하기에 심장 기능이 좋지 않다면 수술을 해야 하는 것이 좋을까? 의학적 판단의 순간에는 장점과 단점이 상충하는 경우가 많고, 그중에 더 우선순위가 높고 환자에게 이익이 클 것이 무엇인지 판단할 수 있어야 한다.

가치 판단의 문제가 의학 지식을 넘어가는 경우에는 더더욱 복잡해진다. 갑자기 의식이 쳐진 환자가 있어 뇌 영상을 찍었는데 뇌출혈이 확인되었다. 수술을 하지 않으면 환자는 곧바로 사망할 수 있는 상황이고, 수술을 한다 하더라도 의식이 회복된다는 보장은 없다. 그런데 그 환자는 보호자가 없는 무연고자인 경우, 수술을 해야 할 것인가? 환자는 의식이 없어 대화를 할 수 없는 상황이었을 때, 담당 의사는 의학적 필요성 이상의 것들을 고민해야 할 것이다.

우선순위 정하기의 문제는 점점 복잡해지고 있다. 예전에는 단지 병을 치료하는 것으로 충분했다면, 이제는 의료를 둘러싼 여러 상황에서 환자와 의사가 우선순위에 대해 논의해야 한다. 선택지는 여러 가지가 있을 수 있으며, 어느 것을 선택하더라도 완벽하게 만족스러울 수 없는 경우가 비일비재하다.

직업인으로서의 의사는 사회에서 분리된 존재가 아니다. 그것은 환자도 마찬가지로, 의학적 결정은 의학의 영역에서만 결정될 수 있는 부분이 존재한다. 치료비가 없어 가장 좋지만 비싼 치료법을 쉽사리 권하기 어려운 상황, 의학적으로 필요한 조치를 했으나 법적으로 문제가 되는 경우 등을 포함하여 의사와 환자를 둘러싼 다양한 문제가 의학의 영역 바깥에서 결정될 수 있기도 하다.

우선순위는 모두에게 동일하게 느껴지지 않을 수도 있다. 응급실에서 위급한 환자를 치료하려고 바삐 뛰어가는 의사는, 칼에 팔을 심하게 베었지만 당장 생명에는 지장이 없는 환자의 불만을 들을 수 있다. 그 환자는 뛰어가는 의사를 가로막고 자신을 무시하냐며 주먹질을 할 수도 있다. 의사 입장에서는 황당한 일이지만, 그 환자 입장에서 주관적인 우선순위는 자신이 처한 상황이 가장 높다고 생각하기 때문이다. 그러한 우선순위 충돌 상황에서 우선순위를 정할 규칙이 없다면 의료 현장은 혼돈에 빠질 수밖에 없다.

의학적 시선의 종착역에는 의료 제도가 있다. 무엇이 우선순위가 높은가? 개인들의 수많은 우선순위는 제도란 힘에 의해 재배치된다. 의학적 시각은 개인과 학문을 넘어 사회로 향한다. 한 명의 의사는 한 명의 시민으로, 의료 제도 안에서 최종적으로 완성된다.

【 사전동의의 현실적 문제 】

> '설명의무법' 시행 첫날…
> 법과 현실 '불협화음' 하모니 될까?
> 쿠키뉴스 2017.06.23
>
> 열심히 듣기는 들었는데…
> 너무 어려운 의학 용어
> SBS 뉴스 2017.02.03

사전 동의(informed consent)는 의료 윤리에서 중요한 개념으로, 환자에게 의학적 치료를 가하기 전에 의사가 충분한 정보를 제공하고 동의를 구하는 것을 의미한다. 제2차 세계대전 당시에 나치와 일본군의 비인간적 생체 실험이 자행되었고, 그에 대한 전범 재판 이후 만들어진 '뉘른베르크 강령(Nuremberg Code)'에서 강조되었다. 이후 충분한 설명에 기반한 자발적 동의는 의료 행위의 기본을 이루게 되었다.

최근 설명의무법이 제정되면서 그러한 환자의 자발적 동의의 중요성이 강조되었다. 충분한 정보에 근거한 자발적 동의는 모든 의료 행위의 기반이 되는 중요한 항목이므로, 그 과정에서 적절한 설명이 이루어져야 한다는 것이다. 소위 '유령 수술'이라 불리는 대리수술 사건이 단초가 되어 환자의 권리에 대한 중요성이 강조되면서 생긴 법안이다.

취지는 좋으나 현실적인 문제는 반드시 고민해야 할 부분이다. 설명의무법은 수술, 수혈, 전신마취에 포함되는 진단명, 수술 등 필요성과 방법 설명, 수술참여 의사 이름, 수술 등에 따라 발생이 예상되는 위험, 수술 전후 환자가 준수해야 할 사항 등 5개 항목을 담고 있는데, 과연 진료 현장에서 모든 것을 충분히 설명 가능할지에 대해서는 회의적인 의견이 제시되고 있다.

일단 설명 및 동의 사항이 지나치게 많은 느낌이 들고, 막상 설명을 어떻게 할 것인지 애매하다는 점이 있다. 각종 동의서를 보면, 발생할 수 있는 부작용들이 상당한 양으로 기술되어 있는데, 그것을 모두 설명한다 해서 수술에 대한 의사 결정에 도움이 될지 역시 미지수이다. 많은 것을 전달하는 것이 꼭 좋은 전달이 아닌 것과 마찬가지이다.

한편 표준적인 설명 지침에 대한 요구도 있다. '이 정도면 충분한 설명'이라는 것이 모호한 상태에서 설명 의무만 있게 되는 경우 설명하는 의사 입장에서는 어디까지 설명해야 하는지가 애매하고, 추후 법적 문제가 발생할 가능성에 압박을 받을 가능성이 높다. 방어적으로 장황하게 설명하는 경우도 있을 수 있겠으나, 이 경우에는 시간 압박이 클 가능성이 높다.

설명 과정에서 의학 용어에 정확히 대응하는 일상용어를 찾는 과정도 생각보다 쉽지 않다. 약자로 된 것을 풀어주고, 영어로 된 의학용어를 국어로 해석하는 정도로 쉽게 해결될 문제는 아니다. 때로는 국문 용어가 더 어렵게 느껴지는 경우가 많으며, 환자의 이해에 도움 되지 않는 경우가 대부분이다. 예를 들어 의사들이 UC라고 자주 부르는 Ulcerative colitis는 궤양성 대장염으로 번역되나, 환자 입장에서는 여전히 어렵게 느껴지거나 궁금함만 늘어나는 경우가 많다.

PART 3

의료 VS ◻

— 아니, 무슨 검사를 또 그렇게 한답니까?

언성이 높아지나 의사는 표정 하나 바뀌지 않는다. 다 환자분을 위한 겁니다. 지금 이 검사를 하지 않으면 수술을 할 수가 없어요. 다 필요해서 하는 검사라구요. 귀찮은 듯 5분 전에 했던 이야기를 반복하는 의사의 목소리는 아까보다 약간 짜증이 섞인 투다. 협상은 원활하지 못했고 언성은 커져만가다 결국 나는 모르겠다는 결론으로 아무것도 정해지지 않은 채 마무리되었다.

누구든 오래 살고 싶지 않겠는가. 허나 검사는 끝이 없다. 피는 뽑힐 대로 뽑혀 팔에는 이미 멍이 시퍼렇고, 영 어설픈 간호사가 잘못 찔렀던 팔뚝은 아직도 얼얼하다. 자꾸 뭘 뽑아대고, 찍고 하는 사이에 병원비는 눈덩이처럼 불어만간다. 이번이 벌써 열두 번째인 병원 검사에서 좋아진다는 이야기는 듣기 힘들었고, 갈수록 해야 할 것만 늘어간다. 이미 직장은 그만둔 지 오래다.

그러는 사이 의사는 또 다른 환자와 비슷한 언쟁을 한다. 다소 지저분한 가운을 펄럭이며 가는 곳마다 해야 하는 검사 투성이다. 실무 회의에서 매달 집계되어 나오는 과별 실적이 신통치 않은 것은 꽤 오래 되었다. 직접적으로 말은 하지 않으나 과별로 나오는 실적 순위에서 중간 위로 올라가본 적은 별로 없으며, 감원 또는 심하면 폐과도 고려할 수 있다는 이야기가 심심찮게 들린다. 설마 없애겠어 싶으면서도, 힘겹게 굴러가는 수레에서 굴러가지도 못하는 짐만 될까 봐 나가야 할 때가 되었나 하는 생각도 드는 것이다.

한숨과 함께 싸구려 커피 한 잔을 훅 들이킨다. 모니터가 오후에 쌓여 있는 대기 환자가 150명이라는 사실을 알려준다. 진료실 앞은 벌써부터 사람들로 가득했고, 아침 고속열차를 타고 온 사람들인지, 짐을 한 가득 갖고 온 노인들과 보호자들이 눈에 들어왔다. 들어본 적도 없는 곳이었으나 확실히 서울에서 먼 곳임은 틀림 없었다. 그래서 최대한 빨리빨리 진행해주고 있다. 가끔 꾸깃꾸깃해진 종이에 적어온 질문을 볼 때면 답답함이 밀려온다. 누군들 답을 해주고 싶지 않겠느냐만은, 자꾸 심문하듯 다른 방법은 없느냐는 질문에, 다섯 명씩 밀리는 외래 일정들이 버겁기만 하다. 5명 중에 누구는 저 멀리 섬에서 왔을 것이고, 누구는 산골에서 서울의 의사 한 번 보겠다고 왔을 터인데 말이다.

친절한 직원이 건네는 병원비 영수증은 그렇게 친절하지 않았다. 아침부터 피검사 때문에 주린 배를 채우느라 들어간 병원 식당은 사람들로 우글거린다. 병원 밥이 늘 그렇듯이 가격은 비싸고 맛은 별로 없으나, 갈 식당이 없으니 여기서 먹을 수밖에 없다. 장사가 잘 되는지 다음 달에는 증축 공사가 이루어질 예정이라는 현수막이 붙어 있다. 식당 한 구석에는 흰 가운을 입은 한 무리의 의사들이 무엇이 그리 즐거운지 깔깔대며 밥을 받아간다. 저번보다 몇십만 원 정도 더 나온 영수증을 보니 이번 달도 허리띠를 졸라매야겠다는 생각이 든다. 깔깔거리는 젊은 의사들을 보며 저들에겐 무슨 걱정이 있을까 하는 생각이 조심스레 든다.

세상엔 슈바이처처럼 참된 의사들이 없는 것일까. 얼마 전 북한에서 도망쳐 나온 병사를 기적적으로 치료했다는 의사가 병원 식당 TV에 나온다. 한 달 동안 집에 들어가는 날이 몇 번 되지 않는다는 말과, 그럼에도 불구하고 환자를 살리는 것이 의사의 사명이 아니겠냐는 말에서 기품이 느껴진다. 눈길 한 번 주지 않고 컴퓨터 모니터만 바라보던 이 병원의 어떤 의사와는 너무나 다르다. 왜 이 병원에는 그런 의사가 없는지, 그리고 이 병원은 왜 돈만 밝히고 있는지 한숨이 나온다. 대한민국엔 진실한 의사가 왜 이다지도 없단 말인가?

결국 모든 문제는 살아남는 것으로 귀결될지도 모른다. 살아남기 위하여 학교에 가고, 출근을 하고, 가게에 간다. 살아남기 위하여 밥을 먹으며, 잠을 자고, 운동을 한다. 살아 남기 위하여 병원에 가고, 검사를 하고, 치료를 받는다. 그리고 살아남기 위하여 진료를 보고, 검사를 하고, 병원을 운영한다. 결국, 모두는 살아남기 위하여 살고 있는 것이다.

살아남기 위하여

《 생명에 가격 매기기 》

생명의 가치는 소중하지만, 가끔은 비정하게도 값이 매겨져야 한다. 현대 의료는 선뜻 납득하기 어려운 전제로부터 출발해야만 하는 상황이 되었다. 사람을 살리는 데는 돈이 필요하고, 우리가 가지고 있는 돈은 결코 모든 것을 충족시킬 수 없다. 모두의 생명은 소중하지만, 한정된 돈으로 살릴 수 있는 생명을 선택해야 하는 상황이 오는 것이다. 결코 논의하고 싶지 않은 주제이지만, 너무나 중요한 문제가 되었다.

생명에 가격을 매기는 일은 때때로 너무 끔찍한 주제인 나머지 논의를 회피하기도 한다. 생명의 가치는 결코 돈으로 바꿀 수 없을진대, 어찌 사람을 살리는 문제에 있어 저급한 돈 이야기를 하느냐는 꾸짖음이 매섭기만 하다. 그러나 애써 문제를 외면하는 사이 생명에 가격을 매겨야 하는 상황은 너무나도 자주 찾아온다. 어떻게 가격을 매길지 어려운 고민을 하는 것이 동전을 던져 결정하는 것보다 바람직할 것이다.

먼저 고민해야 할 것은 왜 생명에 가격을 매겨야 하는지 그 이유일 것이다. 모든 생명이 귀중하다는 것은 자명한 일이지만 가격을 매기지 않는다면 현실적인 문제에 직면할 수밖에 없다. 질병을 치료하기 위해 필요한 것들은 하늘에서 떨어지지 않는다. 병을 진단하기 위한 각종 검사나 치료를 위한 약품, 그리고 의료진들의 노동 등이 질병의 치료를 위해 필요하고, 그것들에는 모두 가격이 매겨져 있다. 의료에 필요한 재화들은 무한하지 않기 때문에 필요한 사람들에게 적절한 방식으로 제공되어야 한다. 그 과정에서 가격이 중요한 역할을 하는 것이다.

가장 극단적인 경우로, 의료 서비스에 가격이 전혀 책정되지 않는다는 경우를 생각해볼 수 있다. 그 경우 의료 서비스를 제공하는 사람은 자신이 제공하는 서비스에 아무런 대가를 받지 못하는 상황이 된다. 의료인들이 아무런 대가도 받지 못한다면 아무리 투철한 사명감이 있다 하더라도 오랜 시간 지속하기는 현실적으로 어려워진다. 그런 경우에는 의료 서비스를 유지하기 위한 지원이 필요할 것이고, 그 지원을 위해서는 의료 서비스가 어느 정도 가치가 있는지에 대한 책정이 필요하다.

역사적으로 의료가 보편화된 것은 얼마 되지 않았고, 그 이전에는 가진 자가 베푸는 시혜의 측면이 강했다. 현대 사회에 이르러서야 의료는 보편적 권리로 인식되기 시작했고, 국가는 그러한 서비스를 제공해주어야 하는 임무를 갖게 되었다. 의료 기술이 발전하면서 이전에 속수무책이었던 질병들을 어느 정도 통제할 수 있게 되자, 적절한 수준의 의료 서비스를 국민에게 제공해야 하는 것은 국가적인 의무가 되었다. 오늘날에 많은 국가에서 의료 문제는 국가적으로 중요한 문제이다. 자연스럽게 그 과정에서 의료 서비스에 대한 가격 책정 문제가 수면 위로 떠올랐다.

의료 서비스에 대한 가격 결정은 통상적인 시장 경제 체제 하에서의 가격 결정과 다른 측면을 지니고 있다. 일단 의료 서비스는 언제 필요할지 예측할 수가 없다. 쉽게 말해서 사람이 언제 아플지를 알 수가 없다는 것이며, 그 때문에 얼마나 많은 자원이 필요할지를 예측하는 것이 매우 어렵다. 한편 의료 서비스는 수요자가 그에 대한 정보를 알기 어렵다는 구조를 지닌다는 특징이 있다. 환자가 자신에게 어떤 치료가 필요한지를 정확히 알기는 어려우며, 의료 서비스를 제공하는 사람이 어떤 치료가 필요한지를 알려주고 그것을 제공해주는 체계인 것이다.

그러다 보니 의료 서비스를 시장에만 맡기는 것은 국가 입장에서 위험한 선택이 될 수 있다. 가전제품과 같은 통상적인 재화를 생각해보면 구매자가 그것이 필요한지를 생각하고 가격을 확인하여 구매를 결정할 수 있는 구조를 지니고 있으나, 의료 서비스는 그렇지 않다. 질병에 걸려 병원에 가게 되면 의사가 진단을 하고 필요한 검사와 치료를 알려주고, 환자는 그것을 따를 수밖에 없다. 이상적으로는 의사가 환자의 편에서 반드시 필요한 것만을 권하는 식이 되어야 할 것이나, 얼핏 생각해도 자연스럽게 그렇게 되기는 어려울 것으로 보인다. 의사는 수요를 결정함과 동시에 공급자이므로, 불필요할 수 있는 치료를 권유할 수 있는 가능성이 충분히 존재한다. 질병양상이 복잡한 경우에는 어떤 치료가 정말 필요하고 어떤 것이 필요하지 않을지가 모호해지는 경우도 발생한다.

그러다 보니 국가 입장에서는 의료 서비스에 대해서 어느 정도 통제를 하게 되며, 그 정도는 국가마다 차이가 있다. 가장 중요한 의료 서비스의 가격을 책정하는 방식만 보더라도 국가마다 입장이 다르다. 의료인이 제공하는 서비스 하나 하나에 가격을 국가가 결정하여 모든 곳에서 똑같은 가격을 받게 하는 경우가 있고, 자율적으로 시장에 맡기는 경우도 있다. 어떤 것이 완벽한 답이라고 할 수는 없으나 각각의 경우에 장단점은 존재한다.

가격을 국가가 결정하는 경우를 생각하면, 가격을 예측하기 쉬워진다는 장점이 생긴다. 한 국가에서 A라는 치료를 필요로 하는 사람이 10만 명 정도로 예측이 되고, 그 가격을 100만 원으로 정해둔다면 A라는 치료에 대한 비용을 쉽게 산출할 수 있다. 그러나 이렇게 가격을 정해 두려면 A라는 치료가 표준화가 되어야 한다는 문제가 생긴다. 예를 들어 A가 수술이라는 치료일 때, 환자가 건강하고 교과서적인 사례로 수술이 두 시간 만에 끝난 경우와 환자 몸 상태가 좋지 않아 수술이 어려워 수술이 다섯 시간이나 걸린 경우 모두 100만 원으로 획일적으로 받게 되는 경우가 생긴다. 수술이 어려울 때 추가 금액을 책정하는 방법이 있겠으나 그러다 보면 책정이 굉장히 복잡해질 가능성이 높다.

자연스럽게 의료 서비스는 간소화되고 획일적으로 변할 가능성이 높다. 서비스를 제공하는 입장에서 가격이 일정하다면 정말 필요한 최소한의 서비스만 제공하는 쪽으로 가는 것이 유리하다. 가령 환자를 1분 봤을 때의 진료비와 30분 봤을 때의 진료비가 같다면, 순수하게 경제학적인 이유만 생각한다면 환자를 30분 봐야 할 이유는 없어지게 되는 것이다. 가격이 매겨진 방식대로 서비스가 결정된다.

시장에 맡기는 경우를 생각해보면 상황은 반대가 된다. 서비스를 제공하는 사람이 마음대로 가격을 정할 수 있으면, 서비스의 종류는 다양해질 가능성이 높다. 누군가는 좀 더 오래 진료하고 더 많은 진찰료를 받을 것이고, 누군가는 짧은 대신에 저렴한 진찰료를 받을 수 있을 것이다. 환자는 그중 자신이 원하는 곳으로 갈 수 있으므로 자연스럽게 적당한 가격이 형성될 수 있다.

그러나 이 경우에는 의료에 지출하는 비용이 예측하기 어려워질 수밖에 없다. 환자 입장에서 과연 지불한 서비스에 대한 비용이 적절한 것인지에 대한 의문이 생길 수도 있다. 표준형 서비스 A와 고급형 서비스 B의 차이가 무엇인지 환자 입장에서 정확히 아는 것은 결코 쉬운 일이 아니다.

가격의 문제는 의료인의 서비스뿐만 아니라 의료를 운영하는 데들어가는 모든 곳에서 발생한다. 영상 검사, 피 검사를 비롯한 각종 검사에도 비용의 문제가 발생한다. 수술료, 마취료도 예외는 아니며, 환자 이송을 위한 비용, 환자에게 제공되는 병원 식사, 병실료 등 곳곳에서 비용은 생긴다. 생명의 가치를 돈으로 환산할 수 없다는 단순명료한 명제만 가지고는 해결할 수 있는 것이 아무것도 없다.

국가는 그 양극단을 포함한 어딘가에서 사람 살리는 일에 가격을 매기고 있다. 그리고 그 정책에 따라 서비스의 양상은 판이하게 달라지며, 서비스 공급자인 의료인과 수요자인 환자가 행동하는 방식도 상이하다. 개인 각자는 자신만의 생각이 있으나, 의료라는 문제에 이르러서는 제도가 개인의 행동을 결정한다. 때때로 의료 차원의 문제는 의사 개개인의 생각과 상충하며, 이는 상당히 복잡한 양상을 띠게 될 수밖에 없다.

《 가격 결정의 딜레마 》

이제는 가격을 매기는 방식에 대해서 살펴볼 필요가 있다. 가격을 매길 때 우리에게 가장 익숙한 방법은 병원에서 제공하는 것 모두에 가격을 매기는 것이다. 예를 들어 배가 아파 병원에 가니 장염을 진단받았다고 해보자. 병원마다 약간의 차이가 있겠지만 대개 1) 의사가 환자를 진찰하고, 2) 탈수를 막기 위해 수액을 처방하고, 3) 간호사가 주사바늘을 잡고 수액을 놓는 행위들이 발생한다. 필요하다면 4) 혈액 검사나 5) 영상 검사까지 이루어질 수 있다. 1)~5) 행위 각각에 가격을 매겨 총합을

가격(수가)를 매기는 방식

지불하는 방식이 가장 쉽게 생각할 수 있는 가격 책정 방식이며, 이런 방식을 '행위별 수가제'라고 부른다. 말 그대로 행위 하나 하나에 가격을 매긴다는 것이다.

우리에게 가장 익숙한 방식이지만, 의료라는 독특한 환경 때문에 발생하는 문제가 있다. 첫 번째 문제는 의사가 불필요한 서비스를 더 제공하는 것이다. 앞서 나온 장염의 사례를 생각해보자. 장염은 대부분의 경우 위내시경이나 CT와 같은 추가 검사 없이 진단이 가능한데, 의사가 위내시경이나 CT가 필요하다고 환자에게 그와 같은 검사를 권할 수 있다. 다른 분야에서는 환자가 필요가 없다고 판단하면 구매하지 않으면 되지만, 병원에서 환자가 그런 결정을 하기는 쉽지 않다. 그렇기 때문에 의사에 의해서 불필요한 검사나 처치가 이루어질 가능성은 언제나 존재하며, 이러한 현상에 대해 '의사유인수요'라는 표현을 쓰기도 한다.

문제가 복잡해지는 것은 '의사유인수요'를 어디까지로 봐야 할지를 확인하기 어렵다는 점이다. 장염은 대체로 CT를 할 필요 없지만, 일부 환자에서는 다른 병이 의심되어 CT를 반드시 찍어야 할 수도 있다. 장염에서 CT를 찍으면 벌금을 준다는 식으로 간단히 생각해서는 해결될 문제가 아니라는 것이다. 다시 말해, 어디까지가 '적절한 의료 행위'인지를 판단하기가 결코 쉽지 않다. 특히 여러 가지 질병들이 혼재해 있는 경우 의사들 사이에서도 의견이 갈릴 수 있고, 검사를 생략했다가 예상치 못한 문제가 발생하는 경우도 발생하는 경우도 빈번해 판단이 어려워진다.

우리나라의 경우 행위별 수가제를 주축으로 삼고 있고, 그 가격은 정부에서 결정하는 구조로 이루어져 있다. CT 검사 한 번의 가격(수가)

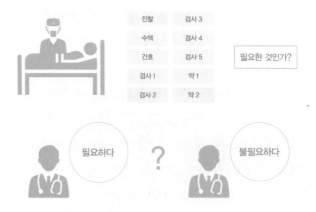

이 얼마이고, 의사의 진찰도 가격을 모두 정해두었다. 그리고 질병명마다 표준적인 검사 및 처치들을 시행하였는지 건강보험심사평가원(심평원)이라는 기관을 통해 검증하고 있다.

　　문제는 이 과정에서 판단 기준이 계속 복잡해지고 자주 바뀔 수밖에 없다는 점이다. 위염 환자는 내시경을 수행하면 안 된다고 정해두었다고 해보자. 이 규정 하에서 위염으로 온 환자에게 내시경을 수행한 의사는 불이익을 받게 될 것이다. 그런데 위염 증상으로 왔지만, 환자가 위암일 가능성도 있어 내시경을 해야 하는 경우가 있다면 의사는 고민하게 된다. 내시경을 수행해서 위암이 나오면 진단명이 위암으로 바뀌어 문제가 되지 않겠지만, 내시경을 했는데 위암 소견이 나오지 않았다면 의사는 위염 환자에게 내시경을 시행한 것이므로 심평원으로부터 제재를 받는다. 이 경우 의사는 자신이 시행한 내시경이 필요한 것이었다고 심평원에서 문제제기를 해야 한다. 그러나 이 과정은 상당히 번거로워질 수밖에 없다.

새로운 치료법이 나오고 진단이 복잡해지면서 심평원에서 정해둔 기준들은 계속 복잡해진다. 서비스를 제공하는 의사 입장에서 심평원의 기준과 교과서적인 기준이 다른 경우 혼란을 느낀다. 또 의료기술이 발전하면서 기준은 점점 복잡해질 수밖에 없고 자연스럽게 이를 관리하는 데 필요한 자원과 인력도 늘어나는 문제가 발생한다. 그러나 기준을 아예 폐지하게 되면 불필요한 진료 행위가 난립할 가능성도 존재하기 때문에 어느 것 하나 바꾸기 어렵다.

그러한 문제를 염두에 두고 등장한 방식이 '포괄 수가제'라는 방식이다. 개별 행위 하나하나를 분석하여 가격을 매기는 행위 수가제와 달리, 포괄 수가제는 질병 하나에 대해서 총 금액을 정해두는 것이라 생각하면 된다. 예를 들어, 급성 충수돌기염(보통 맹장염이라 부르는) 환자가 와서 수술을 받고 나갔을 때 검사료, 입원료, 수술료, 처방료 등을 따로따로 가격을 매기는 방식이 행위별 수가제라고 한다면, 급성 충수돌기염 치료 전체에 가격을 매겨두고 그 안에서 병원에서 알아서 하라고 하는 것이 포괄 수가제라고 할 수 있다.

포괄 수가제는 행위별 수가제에 비해서 여러 가지 장점이 있다. 가격 계산이 간단해지는 것이 가장 큰 장점이다. 행위 하나하나에 가격을 매겨야 하는 복잡함 없이 전체 과정 하나에 가격을 매겨버리면 되기 때문에 계산이 간단해진다. 또한 가격이 정해져 있기 때문에 의사가 불필요한 치료를 제공할 이유가 없어 꼭 필요한 치료만 제공할 것이라는 장점이 있다. 그런 생각으로 급성 충수돌기염을 비롯한 몇몇 질병에 포괄

치료 A : 30만원   치료 A : 30만원

포괄 수가제의 문제

수가제가 적용되어 시행되고 있다.

그러나 늘 문제는 존재한다. 같은 질병이라도 환자의 상태에 따라 치료 방침이 달라지는 경우가 존재할 수 있다. 같은 급성 충수돌기염이라 하더라도 건강한 20대 청년을 치료하는 것과 고혈압, 당뇨, 신장병이 있는 70대 할머니의 치료하는 것은 사뭇 다르다. 그것을 모두 뭉뚱그려 가격을 정해두면 병원 입장에서는 70대 할머니를 치료하면 할수록 비용이 더 들어가고, 합병증 발생 가능성도 높아 부담이 크지만, 받는 대가는 똑같은 경우가 발생한다. 위와 같은 구체적인 경우를 나누어 가격을 세분화하면 결국 행위별 수가제와 비슷하게 복잡해질 수밖에 없게 될 것이다. 반면 구체적인 차이를 무시하고 가격을 정하면 치료가 어려운 환자들을 병원에서 기피하거나, 위험 부담이 큰 환자를 받는 병원의 부담이 커지게 될 것이다.

이처럼 가격을 정하는 문제는 쉬운 문제가 아니다. 중요한 것은 그 방식에 따라서 의료 서비스의 성격이 크게 달라진다는 것이다. 의료 서

비스의 가격은 서비스에 임하는 개개인의 문제로 접근해서는 해결할
수 없다.

《 누구의 지갑을 열 것인가 》

의료 서비스를 지불하는 주체가 누가 될지에 대해서도 논의해야 한다.
쉽게 말하면 누구의 지갑에서 돈을 꺼낼지의 문제다. 상식적으로 치료
를 받는 사람이 지불하는 것이 기본이 되겠지만, 치료비 부담이 만만치
않은 경우가 자주 발생한다. 몇 백만 원 또는 몇 천만 원을 쉽게 낼 수
있는 사람들은 대한민국에 그리 많지 않다. 다른 국가들에서도 이 같
은 문제에 시달리고 있다. 현대 국가는 경제적 문제로 치료를 받지 못
하는 경우를 대비하기 위하여 여러 가지 방법을 도입하고 있다.

　　그중 하나가 '보험'이다. 치료비가 300만 원이 나왔다고 하면 그중
200만 원을 국가에서 지원해주면 환자가 내야 할 비용은 100만 원이 되
어 부담이 많이 줄어든다. 우리나라를 비롯한 많은 국가들은 사회보험
제도를 통해 세금의 일정 부분을 의료보험의 재원으로 활용하고 있다.
당장 병원을 이용할 일은 없는 사람들도 보험료를 납부하고, 나중에 병
원을 이용할 때 그중 일부를 지원받는 식이다. 누구든지 언제 어떻게
아플 지 예측할 수 없다는 점을 고려할 때 의료보험이 있다는 사실은
상당한 안정감을 준다.

　　문제는 의료비가 계속 상승하면 의료보험을 통해 지불할 수 있는

정도에 한계가 발생한다는 점이다. 이는 의료의 발전과도 무관하지 않다. 과거 간단한 엑스레이만 있던 시절의 의료비와 CT, MRI, 초음파와 같은 다양한 의료 기기가 있는 현대의 의료비는 결코 같지 않을 것이다. 인구 구조의 변화도 관련이 있다. 수명이 늘어나고 노인 인구가 증가하면 의료비가 증가할 수밖에 없다. 젊은 연령층은 병원에 갈 일이 적고 가더라도 바로 치료가 되는 경한 정도의 질병을 앓는 경우가 많지만, 노인층은 병원도 자주 가야 하고 치료도 장기간 지속해야 하는 만성인 경우가 많아 의료비 지출이 늘어난다. 의료보험은 이러한 의료비 증가 문제에 대처할 수 있어야 한다.

이렇게 의료비가 증가하는 경우 여러 가지 대책이 존재한다. 첫째로 의료보험료를 올리는 것이다. 의료비가 증가하는 것은 필연적인 일이므로, 모두가 다 같이 부담하자는 것이다. 그러나 안 그래도 빠듯한 살림에서 세금을 더 떼어가는 것을 달가워 할 사람은 없을 것이다. 어

사회보험

쩔 수 없이 보험료를 올린다 쳐도 어떤 집단에게 더 부담을 시킬 것인지도 어려운 문제이다. 모두가 공평하게 올라가면 저소득층의 부담이 상대적으로 클 것이고, 고소득층에게만 부담을 지운다면 고소득층의 불만이 커질 것이다. 결국 보험료 인상을 결정하는 문제는 상당히 정치적일 수밖에 없으며 어느 정권이나 조심스러운 문제로 다가올 수밖에 없다.

결국 자연스레 의료비를 낮추는 쪽으로 생각해볼 수밖에 없다. 정부가 의료 가격을 통제할 수 있는 구조라면, 의료비를 강제로 낮게 책정하여 전체 의료비를 줄이는 방법이 있을 것이다. 입원료가 하루 10만 원에서 하루 9만 원으로 깎이면 10%의 '원가 절감'을 이루어낼 수 있다.

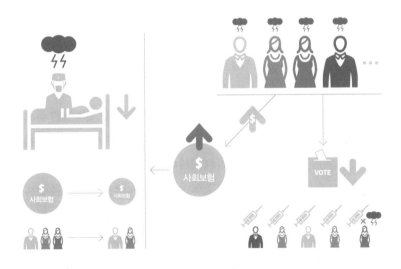

의료비 상승 문제

그 과정에서 불필요한 진료 행위가 감소할 가능성도 있고, 총 비용 또한 감소한다. 이런 전략은 어느 수준까지는 효과적일 수 있으나, 어느 수준 이상에 오르면 의료 서비스 공급자의 불만이 커질 수밖에 없고, 부족한 인력으로 병원이 불안하게 운영되는 등 의료 서비스의 질 감소가 발생할 수밖에 없다.

가격을 낮춘다면 어디에서 낮출 것인지도 복잡한 문제이다. 불필요한 치료들을 없애면 되겠지만 어떤 것이 불필요한지 결정하는 것은 굉장히 어려운 문제이다. 그러다 보니 가격이 높게 책정되었다고 판단되는 분야에 대해서 삭감을 행하게 될 가능성이 높은데, 의료 서비스를 공급하는 입장에서는 그러한 변화에 굉장히 민감하게 반응할 수밖에 없다. 전체 예산이 정해진 상황에서 가격 결정의 문제는 사실상 제로섬 게임이나 다름없으며, 가격 결정에 따라 한 과의 흥망이 결정될 수도 있는 탓이다. 잘못된 가격 조정은 특정 서비스 제공자를 아예 없앨 수도 있기 때문에 가격 결정은 굉장히 신중하게 결정되어야 한다.

총 비용을 감소시키기 위해 의료 서비스의 효율을 높이는 것은 또 다른 중요한 방책이다. 큰 병이 생기기 전에 미리 질병을 예방하면 의료비를 줄일 수 있다. 건강 검진을 통해 위암이 될 만한 조직들을 미리 제거하면, 위암이 발생했을 때 필요한 막대한 치료비를 줄일 수 있을 것이다. 비슷한 논리로 금연 캠페인을 통해 흡연율을 낮추면 흡연으로 인해 각종 질병이 생기는 것을 막을 수 있을 것이고, 이는 의료비 절감으로 이어질 것이다. 이런 '예방의학적 접근'들은 현대 정부에서 의료비를 낮추기 위한 방침으로 도입되어 효과를 보고 있으나, 아직까지 모든 질병을 예방하지는 못하고 있다.

새로운 의료 기술을 제도 내로 편입시킬지 말지도 의료비와 연관이 있다. 암 치료의 영역에서 새로운 치료법들이 많이 개발되고 새로운 치료법을 어떻게 받아들이느냐에 따라 의료비가 증가할 수 있다. 저렴하고 치료 효과도 월등한 치료제라면 마다할 이유가 없겠지만, 아직 검증이 필요하고 일부 사람들에게만 효과가 있는 경우라면 결정하기 쉬운 문제는 아니다. 만약에 어떤 치료가 기존의 치료제를 사용한 사람들에 비해서 5개월 정도 수명 연장이 보고되었지만, 치료제의 가격이 한 달에 500만 원 정도 든다면, 이러한 치료제를 보험에서 보장할지는 고민해보아야 할 문제이다. 보험 보장을 해줄 것인가, 아니면 보험 없이 환자가 자비로 부담하게 할 것인가, 그것도 아니면 아예 쓰지 못하게 할 것인가를 결정하는 것은 중요하면서도 어려운 문제가 될 것이다.

국가별로 의료에 대한 정책은 상이하다. 아예 국가에서 모든 의료비를 부담하고 국민 의료비가 무료인 국가들도 있다. 그러나 그 과정은 의료 서비스의 철저한 통제를 전제로 하고, 제공하는 의료서비스의 질도 선택하기 어려울 것이다. 영국의 경우 국가의료제도를 운영하고 있으며, 국민별로 주치의를 배정하여 그 주치의에게만 진료 받게 하는 구조를 채택하고 있다. 더 큰 병원에 보낼지는 주치의가 결정하며, 국민이 원하더라도 주치의가 승인하지 않으면 국가에서 운영하는 다른 병원에 갈 수 없다. 그러다 보니 의료비는 무료이지만 수술을 하기 위해 대기하는 시간이 몇 개월이 되는 일들이 발생하고, 자체적으로 사설 의료 기관을 이용하는 등의 문제도 발생한다.

반대로 미국처럼 국가에서 최소한만 보장하고 나머지는 민간에 맡겨버리는 국가도 있다. 의료비는 상당히 고가이지만 지불하는 비용에 따라 다양한 서비스를 이용할 수 있기 때문에 새로운 치료법 등의 도입이 비교적 자유롭다. 대신 감기와 같이 경증의 질환들은 의사 진료비가 막대하기 때문에 약국에서 알아서 약을 먹고 해결하는 식이 되고 보험에 가입하지 못한 국민들은 사실상 병원에 접근하기 어려워지는 단점이 있다.

우리나라의 경우는 그 중간 정도로, 국가보험에서 일정 비용을 부담하고 의료비의 일정 부분을 통제하는 식이다. 의료비를 통제해두었기 때문에 의사들은 박리다매 식으로 서비스를 제공하여 병원을 운영하고, 국민들은 비교적 병원에 저렴하게 자주 갈 수 있다는 장점이 있다. 그러나 그 과정에서 불필요하게 병원에 가는 경우도 많이 발생하고 있어 반드시 바람직하다고는 할 수 없을 것이다.

《 돌고 도는 의료비 》

우리나라의 의료비 문제는 결국 의료보험의 문제로 직결된다. 전체 의료비를 어디까지 정할지의 문제를 앞에서 논의한 문제였다면, 이제는 그것을 어떻게 나눠줄 것인지 결정해야 한다.

흔히 '급여'와 '비급여'라고 말하는 것이 이 문제에 해당한다. 급여란 쉽게 생각해 의료비 중 일부를 의료보험에서 보장해주는 영역이고, 비급여는 그 외의 영역이다. 어디까지를 급여로 해줄 것인지는, 어디까지 의료보험에서 돈을 지원해줄 것인지의 문제가 된다.

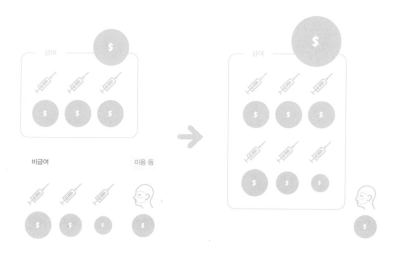

　　현재 우리나라의 의료비 지급 구조는 개인 부담과 급여로 나뉘어 있다. 의사가 진료를 하고 환자에게 비용을 청구하면 환자는 개인 부담에 해당하는 금액만 지불한다. 가령 재료비, 인건비 등을 합해서 10만 원의 비용이 발생했다면, 의사는 환자에게 2만 원의 비용만을 청구하고, 나머지 8만 원은 의료보험으로부터 받는 구조인 것이다. 이렇게 의료보험에서 보장해주는 진료 영역을 급여 영역이라고 한다.

　　그렇지 않은 영역은 비급여 영역이 될 것인데, 이것도 세분화해서 생각해보아야 한다. 비급여 영역 중에서 치료에 필요하지만 의료보험이 해결하기에 어려움이 따르는 영역이 있을 수 있다. 새로운 약들이나 환자에 따라서 추가로 시행해야 할 정밀한 검사나 추가적인 치료(수술

후 구토를 막아 주는 약들)가 그에 해당할 것이다. 가격은 책정되어 있으나 의료보험에서 보장을 해주지 못하는 영역인 것이다. 한편 미용이나 성형처럼 치료 목적이 아닌 의료 행위의 경우 의료보험에서 보장해 주어야 할 필요가 없다고 판단할 수도 있다.

급여 영역을 어디까지 설정할지는 의료보험의 재정 문제와 연관되어 있다. 급여 영역이 늘어나면 국민의 의료비 부담이 줄어들지만, 의료보험이 부담해야 할 금액은 커지게 된다. 급여 영역을 늘리면서 재정을 유지하려면 지급되는 가격을 깎거나, 의료 행위를 줄여야 할 것이다. CT만 보험이 되는 상황에서 MRI도 보험의 영역으로 확장하기 위해서는 기존의 CT 가격 자체를 깎아버리거나 CT를 찍는 기준을 까다롭게 하여 CT를 찍지 않거나 다른 저렴한 검사를 시행하게 하여 비용을 줄이는 것이다. 이 과정에서 기준에 만족하지 못하는 의료비는 의사에게 지급되지 않고 삭감된다. 앞의 경우에서 10만 원의 비용을 청구하고 2만 원을 받고, 나머지 8만 원의 비용을 의료보험으로부터 받아야 하는데 그 비용을 받지 못하는 것이다.

이러다 보니 의료보험 보장 영역에 따라 환자와 의사의 상황이 달라진다. 의료보험 보장이 적용된 영역이 새로 생기면 환자 입장에서는 부담해야 할 비용이 줄어들었으니 굳이 받을 필요가 없더라도 치료를 받고자 할 수요가 생긴다. 의사 입장에서는 새로 보험이 적용되는 영역이 이익이 되는 영역이라면 적극적으로 치료하고자 할 것이고, 그러다 보면 그 행위를 하는 과의 인기도 올라가는 현상까지 발생한다. 반대로 보장이 사라지거나 의료비가 깎인 영역은 큰 타격을 받게 되고, 전체 병원에서는 그 영역을 축소할 수도 있다.

그런 상황에서 보장해주는 금액이 얼마인지도 문제가 된다. 원가가 10만 원인 의료 행위에 12만 원을 보장해주는 경우라면 의사 입장에서는 그 의료 행위를 적극적으로 하지만, 보장 금액이 10만 원이거나 8만 원이면 병원 운영을 위해서는 그 의료 행위 대신 다른 행위를 해야 이익이 생기기 때문에 기피하게 된다. 이러한 상황에서 자꾸 더 비싸 보이는 치료를 권하는 일들이 자주 발생하고, 환자는 의사를 신뢰하지 못하는 것이다. 또는 원가를 절감하기 위해 저품질의 재료나 약을 사용할 수도 있는데 이 경우에서 사고가 발생하기도 한다.

【 제로섬 게임 】

'이국종 효과'
권역외상센터 지원 靑 청원, 17만 명 돌파
머니투데이 2017.11.24.

이국종 효과…
외상센터 헬기 이용에 건강보험 적용
한겨레 2017.11.26.

최근 외상센터의 열악한 현실이 화두가 되면서 외상센터 지원에 대한 청원이 빗발쳤다. 그 결과 외상센터에 대한 예산이 검토되었고, 헬기 이용과 같은 행위를 건강보험에서 지원하는 것으로 결정되었다.

외상센터 지원이 이루어진 것은 고무적인 일이나, 그 이면에 있는 구조적인 문제를 확인해보아야 할 것이다. 먼저 권역외상센터에 대한 지원금액은 기존의 보험 체계 안에는 없다가 새로 만들어졌다. 따라서 그만큼 보험료 전체가 증가하는데, 보험료 전체가 그대로라면 다른 영역에서 진료비가 감액되는 제로섬 게임이 될 수밖에 없다.

한편 헬기 이용에 건강보험이 적용되는 것은 통상적인 의료보험 지불 구조와 관련 있다. 외상 환자를 치료하기 위해서 헬기 이용이나 약품, 의료진들의 진료 등이 필요한데 그 비용은 일부는 환자에게 받고 나머지는 보험에서 부담하는 구조로 되어 있다. 이 과정에서 의사는 먼저 치료를 하고 보험에 부담액을 청구하게 되는데, 그 과정에서 청구가 정당한지 심사가 들어간다. 정당하다고 판정이 되면 그 부담액을 지급해주고, 그렇지 않은 경우 지급이 되지 않는데, 그런 경우를 흔히 '삭감'이라고 표현한다.

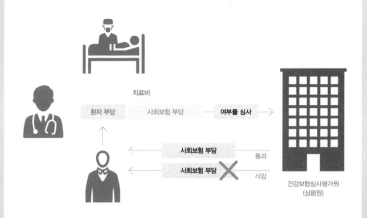

치료비 보험 문제

삭감 문제는 의료진에게 상당히 민감한 문제이고, 삭감되는 경우와 그렇지 않은 경우를 제대로 알고 있지 못하면 병원 운영을 할 수가 없는 상황에 처한다. 권역외상센터의 경우 진료비가 계속 인정되지 못하고 심평원에 의해 삭감되었던 상태로, 제대로 된 운영이 어려웠다. 부족한 운영비는 외상센터가 속한 병원의 다른 재정으로부터 충당이 되었던 상황이고, 그러한 문제들이 계속 누적되어 압박을 받았던 것이다.

우리는 과연 평평한 땅 위에 있는 것일까. 지구가 평평하다고 주장했던 사람들이 있었던 것처럼, 오늘날에도 이 땅이 평평하기만 하다고 주장하는 사람들이 있다. 이 땅이 어딘가로 기울어져 있다면, 누군가는 모든 것이 쏠려가는 맨 아래 끝 어딘가에 있을 것이고, 누군가는 모든 것이 멀어져만 가는 춥디추운 곳에 있을 것이다. 살아남음의 문제는 기울어진 이 땅 위 어디에서 존재하는지와 무관하지 않다.

기울어진 병원

《 큰 것 이 아름답다 》

모두가 서울로 몰려갔던 시절이 있었다. 서울에 일자리가 있었기 때문이다. 그 결과 서울은 세계적으로 북적거리는 도시가 되어, 집값은 오르고 공기는 나빠졌다. 그런 악조건이 지속되자 서울에서 사람들이 빠져나올 것을 기대했으나, 지금은 지방의 노인들마저 시골의 노인들마저 서울로 올라오는 상황이 되었다. 병원 때문에.

대한민국의 대형 병원은 대부분 서울에 집중되어 있다. 서울에 인구가 밀집되어 있다고 하지만, 병원의 밀집도는 그 이상이다. 덕분에 서울의 대형 병원에서는 전국에서 올라온 환자들을 쉽게 목격할 수 있다. 서울의 대형 병원들은 그 규모에도 불구하고 늘 병상이 없어 입원하기가 하늘의 별 따기와 같으며, 예약을 한 번 잡으려면 최소한 몇 달은 기다려야 하는 경우가 부지기수다.

지방에 병원이 없기 때문에 그런 것일까. 지방의 인구는 90년대에 비해 절반으로 감소했지만, 동네 의원의 수는 두 배로 증가했으며, 병원 수도 90년대에 비해서 늘어났다. 물론 도시에 비해서 적은 편이기는 하지만 격차는 감소했다. 그럼에도 불구하고 지방에는 병원이 없는 듯한 느낌이 들고, 사람들은 오늘도 서울로 몰리고 있다.

단순히 병원의 수 때문은 아니다. 지방에도 의원과 병원은 늘어났다. 하지만 대다수 병원의 규모는 크지 않다. 서울에서 흔히 볼 수 있는 대형 병원들의 수는 지방에서는 크게 증가하지 않았다. 그러다 보니 병원의 수는 많아도 해결하기 어려운 질병들이나 복잡한 문제에 봉착하게 되는 것이다. 사람은 어떤 병에 걸릴지 알 수 없기 때문에 지방의 환자들은 큰 병에 걸리면 지방 병원들에서 해결하지 못하고 인근 광역시나 서울로 갈 수밖에 없다. 그렇기 때문에 오늘도 많은 환자들이 고속 전철과 버스를 타고 서울로 향하는 것이다.

이런 상황에서 서울에는 환자가 몰려 병원이 미어터질 것만 같은데도 지방의 병원들은 한산한 쓸쓸한 상황이 발생한다. 오히려 서울의 큰 병원들에서 서울이나 지방의 보다 작은 병원들에서 진료해야 할 환자들까지 흡수하여 진료하고 있어 그 불균형은 점점 늘어나고 있다. 서울의 대형 병원들은 보다 작은 규모의 병원에서 치료하기 어려운 환자들을 수용하기 위해 건립되었다. 작은 규모의 병원에서 환자를 파악하고, 병원 상황에서 해결이 어려운 환자를 더 상급 병원에 의뢰하는 것이 효율적인 의료 서비스의 기본이다. 그것이 가능하기 위해서는 다른 규모의 병원들이 제각기 자신의 역할을 수행할 수 있어야 한다.

의료 전달 체계

　　실제로 정책적으로 병원은 1차, 2차, 3차로 나누어 분류하고 있으며, 동네 의원이나 보건지소와 같은 규모의 작은 병원들이 1차 의료 체계에 해당한다. 차수가 올라갈수록 병원의 규모가 커지며, 서울의 대형 병원들은 대부분 3차 의료 체계에 속하는 것으로 봐도 되겠다.

　　1차 의료 체계에 속한 병원들은 규모는 작지만 전체 의료에서는 중요한 역할을 한다. 이들이 지역사회에서 비교적 흔히 발생하는 질병들에 대한 진료를 제공하기 때문이다. 약으로 조절 가능한 고혈압이나 당뇨병과 같은 만성 질환들을 관리하는 것과 같은 일이 1차 의료 체계의 주 역할 중 하나이다.

　　그러나 1차 병원에서 해결되어야 할 질병들이 3차 병원에서도 진료를 하고 있는 경우가 많다. 3차 병원들에서 경쟁적으로 병원을 확장하며 적극적으로 환자들을 유치하다 보니 1차 의료 체계와 경쟁하는 구도가 세워진다. 때문에 하루에 몇 백 명씩 외래 환자를 보는 3차 병원의 교수가 생기고, 근처의 작은 병원은 문을 닫아버린다. 한쪽은 환자가 많아 힘들고, 한쪽은 없어서 문을 닫는 좋지 않은 상황이 발생하는 것이다.

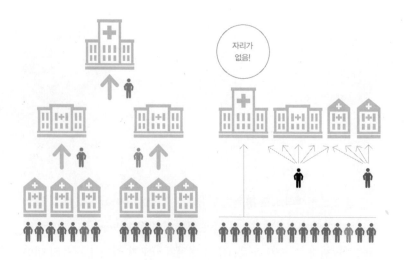

자리가
없음!

의료 전달 체계의 문제

　허나 환자들 입장에서도 이왕이면 더 좋은 병원에서 진료 받고 싶어 하고, 3차 병원들도 그런 수요에 부합하게 병원 구조를 만들어가고 있어 서울 쏠림 현상은 해소되지 못하고 있다. 그 와중에 대형 병원들은 과밀화되어, 정작 진료가 필요한 환자들이 제대로 진료를 받지 못하기도 한다. 의료진들 또한 과중한 업무에 시달린다. 한편 지방의 병원들은 병원을 제대로 운영하지 못하는 부정적인 상황이 발생한다. 그것이 지속되다 보면 환자들이 지방의 병원들을 신뢰하지 않고 서울 대형 병원을 찾는다. 그러다 보니 서울의 대형 병원은 늘 자리가 없고 의사도 부족한 것처럼 보이나, 실상 제대로 운영되지 않는 병원도 많아지는 것이다. 의료진 또한 이러한 상황에서 서울로 몰리고, 자연스레 지방에서는 의료진을 구할 수가 없어 불안하게 운영된다. 서울과 지방의 의료 환경의 격차가 갈수록 악화되는 배경이다.

한편 진료과의 불균형도 날이 갈수록 심해지고 있다. 흉부외과나 비뇨기과에 지원하는 의사 수가 정원을 채우지 못하고 있는 것은 꽤 오래 알려진 사실이며, 최근에는 내과나 외과와 같이 생명에 직결된 과들도 모집이 원활하지 않은 상황이다. 진료과의 불균형은 환자 입장에서는 매우 좋지 못한 일이다. 사람이 어디가 아플지는 예측할 수 없기 때문에 안정적인 진료를 위해서는 각 진료과를 전공한 충분한 의료진들이 있어야 할 것이다.

　이러한 상황에는 여러 원인이 작용한다. 인력 수급이 불안정한 과들은 대체로 안정적인 수입을 보장해주지 못한다는 특징이 있다. 이것은 의사 개인에게도 해당되지만, 의사들이 일하는 병원과도 관계가 있다. 우리나라는 국가적으로 진료에 대한 가격(수가)을 결정하는 구조인데, 이 과정에서 특정 진료에 대한 가격이 낮게 책정된다면 의사와 병원 입장에서는 상당히 난처한 상황이 된다. 많은 인력이 필요하고 위험 부담이 크며, 시간이 오래 걸리는 수술에 대한 대가가 500만 원이고, 의사 혼자면 충분하고 위험도가 낮으며 30분이면 시술이 가능한 미용 행위에 대해서 100만 원 정도 대가를 받을 수 있다고 할 때, 병원 입장에서는 후자를 택하는 것이 유리할 수밖에 없다.

실제로, 최근 인기가 낮은 과들은 위험성이 크고, 개원 시 병원 운영이 어렵다는 공통점이 있다. 수련 강도가 높다고 알려진 정형외과가 계속 인기를 유지하고 있는 것은 개원 시 병원 운영이 용이하며, 정형외과적 질병의 특성상 환자가 꾸준히 있는 것과도 무관하지 않다. 흉부외과의 경우 수술에 많은 장비와 인력이 필요하기 때문에 개인 병원 수준에서는 사실상 수술이 불가능하다. 그러다 보니 병원 운영을 위해서는 하지정맥류 치료와 같은 전공과 거리가 먼 일을 하게 된다.

뿐만 아니라 진료과를 전공하고 근무할 수 있는 환경의 차이에 기인한 문제도 있다. 자주 언급되는 흉부외과의 경우 전공을 살려 개흉 수술 등을 하기 위해서는 대형 병원에 고용되어야 하나 막상 대형병원에는 더 이상 자리가 없는 경우가 많다. 병원 입장에서도 운영에 악영향을 미치는 과에 인원을 증원해줄 가능성은 낮기 때문에 사람도 없지만 막상 자리도 없는 상황이 생기게 되는 것이다. 사명감으로 똘똘 뭉친 의사라도 고용해주는 병원이 없다면 아무 일도 할 수가 없는 것이다.

자연스레 실질적으로 일을 해야 하는 전공의들은 지원하지 않고, 남아 있는 전공의가 할 일이 늘어나 더 지원하기 힘들게 되는 악순환이 발생하게 된다. 그런 상황에서 인력난을 겪고 있는 과에서 진료가 필요한 질병에 걸린 환자가 오게 되면 불가피하게 이곳저곳 병원을 떠돌게 된다. 자칫 제대로 된 치료를 받지 못할 수도 있다.

인력 수급난이 장기화되자 기피과에 대해 지원금이 주어지는 등 여러 조치가 취해지고는 있다. 하지만 평생 그 전공의 일을 해야 할 의

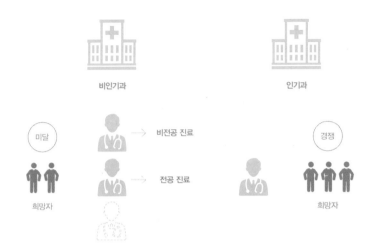

비인기과   인기과

미달   → 비전공 진료   경쟁

→ 전공 진료

희망자   희망자

비인기과 기피 현상

사 입장에서 미래가 불투명하다고 느껴진다면, 전공을 선택하는 데에 많은 용기가 필요할 것이다. 단지 사명감만으로 모든 것을 견뎌 내기에는 버텨내야 할 기간이 너무 길기 때문이다.

　과 불균형은 수술과 관련된 과들에서만 발생하고 있지 않고, 내과와 같이 병원의 환자 진료에서 중추적인 역할을 하고 있는 과에도 심심치 않게 나타나며, 진료 지원과 관련된 과들에서도 불균형이 발생하고 있다. 좀 더 크게 보면 환자를 보는 임상의학 전공자와 기초의학 전공자의 불균형도 심각하여, 기초의학 전공자는 해마다 손에 꼽을 만한 상황에 처해 있다. 불균형이 해소되지 않는 한 의료 체계는 분야를 막론하고 늘 불안한 상황에 처할 수밖에 없을 것이다.

의사의 수를 늘려서 의료 인력이 부족한 곳을 메우자는 의견도 꾸준히 제기되고 있다. 대한민국 의사의 수가 충분한지에 대한 문제는 꽤 오랫동안 제기되었으며, 늘 격렬한 논쟁을 불러일으키는 주제 중 하나다. 어느 정도의 의사 수가 충분한가에 대해서는 의견이 분분하다. 대한민국의 의사 수는 OECD 평균에 비해서는 적은 것으로 집계되어 있어 의사 수를 늘려야 한다는 주장도 있다. 그러나 우리나라 의료 체계는 한 의사가 많은 환자를 보고 있는 구조라는 점과, 나라별로 의료 체계가 달라 환자들이 병원을 이용하는 횟수가 다르다는 점을 고려할 때, 일률적으로 많음과 부족함을 결정하는 것은 적절하지 못하다.

숫자보다 중요한 것은 인력들이 제대로 분포하고 제대로 관리되고 있느냐의 문제일 것이다. 환자 입장에서 내가 진료를 받는 의사가 과연 제대로 자격을 갖추고 있는지는 늘 걱정스러우며, 각종 의료 사고들을 접할 때마다 그런 의심은 심해질 수밖에 없다. 그런 불신 속에서 믿을 만한 병원이 어디인지 찾게 되고, 결국 대형 병원들로 몰리는 일들이 비일비재해진다.

한국의 의사 인력은 실제로 필요로 하는 상황과 괴리가 큰 수련을 받고 있다. 흔히 접하는 감기와 같은 질환은 현재의 수련 환경에서는 자주 접하기가 어렵다. 수련 받는 의사의 대부분은 다수의 환자를 상대하며 흔한 질환들을 주로 접해야 하는데, 그런 일차 의료에 대한 수련은 간과되어 왔다. 대신 그 자리를 각 과에서 4년 이상 수련을 받은 전문의들이 전공을 제대로 살리지 못하고 일차 진료를 하고 있는 것이다. 그런 점에서 필요 이상의 전문의 수련을 받으면서도 막상 일차 의료 현장과는 괴리된 상황이 또 다른 비효율을 만들고 있다.

대한민국의 많은 것이 서울에 몰림에 따라 지역 간 의료 격차는 날로 심화되고 있다. 서울에서 병에 걸렸으면 살아났을 수 있는 환자들이, 지방에서는 병원을 떠돌다 사망하는 일이 자주 발생한다. 지방에 거주하는 사람들은 소외받는다는 느낌과 의료 체계에 대한 불신을 가질 수밖에 없다.

　서울과 지방 간의 건강 격차는 실제로 상당하며 같은 서울 내에서도 구별로 건강 격차가 크게 나타나고 있다는 연구 결과가 있다. 다른

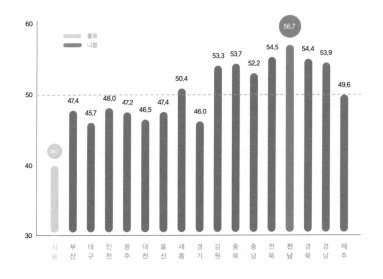

지역보건 취약지역 종합점수
(출처: 한국건강증진개발원의 '2016 시·도별 지역보건취약지역 보고서')

조건이 동일한데도 특정 지역에 거주하고 있다는 이유만으로 사망률이 높은 일들이 발생하고 있는 것이다. 건강하지 못한 생활 습관이나 술, 담배만큼 주목받지는 못하고 있으나 지역이라는 요인은 건강을 결정하는 중요한 요인으로 최근 주목받고 있다.

보건소와 같은 지역 보건 의료 기관들은 지역 단위에서 보건 역량을 향상시키기 위해 만들어진 기관들이다. 많은 사람들이 잘 인식하고 있지는 못하나 보건소에서는 4년 단위로 지역 보건 의료 계획을 수립하여 지역 단위의 건강 개선을 위한 노력을 하고 있으며, 생활환경 개선과 같은 지역 단위의 보건 수준을 향상시키기 위한 일을 수행하고 있다. 그런 지역 보건과 관련하여 남성 의사들이 병역으로 수행하는 공중보건의사 제도 역시 의료 낙후 지역에 의료 인력을 공급하기 위한 방편 중에 하나로 운영되고 있다.

그러나 막상 지역 보건 의료 기관에서 수행하는 일이 일반 의료 기관과 겹치는 경우도 있다. 보건소에서 운영하는 각종 건강 검진 사업들은 일반 의료 기관에서도 수행할 수 있는 것도 많다. 고혈압·당뇨 관리 역시 지역 의료 기관과 영역이 겹친다. 지역 의료 기관은 보건소와 환자를 놓고 경쟁할 수밖에 없으며, 사람들도 보건소를 값싼 검진 기관 정도로 인식하게 된다.

그에 대한 대책으로 원격의료를 도입하려는 시도가 있었다. 교통 환경이 열악하여 진료를 받기 어려운 경우 원격 기기를 통하여 진료를 먼 곳에서 대신하려는 것이다. 병원에 찾아오기 어려운 환자들에게는 희소식이겠지만 한편으로는 걱정스러운 시선도 많다. 현재의 기술에서 원격의료에서 얻을 수 있는 정보만으로는 제대로 된 진료를 할 수 없다는 의견이 많다. 또한 원격의료는 결국 대형병원 규모에서 시행할 텐데 대형병원으로의 환자 쏠림이 더 심해지지 않을지 우려하는 목소리도 많다.

이러한 상황 속에서 지역 간 의료 격차를 해소하기 위한 여러 시도들이 진행되고 있으나, 때로는 정치적인 문제와 얽혀 있어 제대로 해결되지 않는 경우가 많다. 지역 병원이나 의과대학 신설과 같은 공약들은 정치적인 문제와 떼어놓고 생각할 수 없는 문제이다. 지방의 의료진을 확충하겠다는 의도는 좋으나, 지방의 병원에서 수련을 받은 의사들이 수도권으로 몰리는 구조적인 문제가 해결되지 않은 상태에서 의료 기관 신설만 한다고 해서 지방의 의료가 획기적으로 발전한다는 보장은 없다. 의료 자원의 배분에 대한 문제는 늘 민감한 소재일 수밖에 없다.

【 호스피탈리스트, 진료보조인력 】

지역·과 별로 인력난이 발생하자 그에 대한 대책으로 여러 가지 시도들이 진행되고 있다. 최근 도입된 입원전담전문의(호스피탈리스트)는 의료기관의 인력 공백 속에서 입원기간 동안 진찰을 비롯한 입원환자의 치료 전반을 주치의처럼 담당하는 전문의이다. 이들은 전공의 대신에 주치의 업무를 진행하며, 전공의보다 임상 경험이 풍부하기 때문에 보다 안정적인 진료를 제공할 수 있을 것으로 기대했다. 실제로 이와 같은 호스피탈리스트 제도를 도입하고 나서 환자의 만족도도 높은 것으로 나타났다.

그러나 호스피탈리스트 제도 도입 후에도 수도권 지역에 지원자가 몰리는 현상이 발생했고 충분한 인력이 확보되지 못하는 상황도 생겼다. 주기적으로 계약을 갱신해야 하며 지방 병원에서의 근무 강도가 높을 수 있다는 우려 등으로 이 역시 지역 간의 격차가 발생하고 있는 것이다.

한편 전공의 부족 상황에서 간호 인력 중 일부를 전문간호사로 채용하여 전공의 역할을 시키는 '진료보조인력(Physician assistant, PA)'체제를 암암리에 유지하고 있다. 이들은 의사 면허가 없는 상태로 의사의 업무를 하는 것은 불법적이지만 만성적인 인력난 상황에서 공공연한 비밀처럼 업무가 이루어지고 있다. 특히 흉부외과와 같이 극심한 인력난이 발생하고 있는 곳에서는 PA가 없으면 과 운영이 불가능하다.

아예 전문간호사를 제도적으로 정착시키자는 의견도 있으나 이에 대해서는 반대가 많다. 당장 간호사 인력도 부족한 상황에서 간호 인력 중 일부를 전문간호사라는 직군으로 편입시키는 것에는 문제가 있으며, 그렇게 되면 면허의 의미가 퇴색될 수 있다는 것이다. 의료인인 의사와 간호사는 업무가 분리되어 있기 때문에 편법적으로 운영되던 것을 제도화하는 것은 위험할 수 있다.

PA는 간호사 출신이 대부분이었으나, 최근에는 간호조무사와 의료기사 등 비의료인으로 범위가 확대되고 있다. 병원에서 자체적으로 관리되고 있다 보니 활동인력 파악도 잘 되고 있지는 않으나, 수천 명 정도의 인력이 활동하고 있는 것으로 알려져 있다.

인공지능 의사에게 진료 받는 시대가 올까? 과학 상상화의 주제로 자주 언급된 로봇 의사들은 아직 실현되지는 않았지만 비슷한 것들이 눈앞에 그려지고 있다. 만약 그런 것들이 나온다면 앞으로 의사라는 직업은 존재할 수 있을 것인가? 병원은 지금과 같은 식으로 운영될까? 일부는 그렇지 않다고 주장하고, 일부는 새로운 세계를 반기고 있다. 그 가운데 오늘 하루가 바쁘게 지나가고 있다.

멋진 신세계

병을 치료하기 위하여 병원에 가는 것은 상당히 피곤한 일이다. 바쁜 일과 중에 시간을 내어 병원에 가서 줄을 서야 하고, 그리 만족스러운 치료를 받지 못한 채 나올 수도 있다. 단지 검사 결과만을 확인하기 위하여 가는 것이 목적이라면 결코 효율적인 일은 아니다. 집이 병원에서 교통이 좋지 않다면 병원 가는 일 자체가 큰 골칫거리일 수밖에 없다.

그런 상황에서 의사를 보지 않고 원격으로 진료를 받을 수 있지 않느냐는 의견들이 제기되었다. 화상 통화가 일상화된 이 시점에서 굳이 병원까지 갈 것 없이 의사와 통화를 하고, 그것을 통해서 의사가 진찰을 할 수 없느냐는 것이다. 특히나 섬이나 산간 오지처럼 병원에 가기 힘든 지역에서는 이 같은 원격의료가 큰 도움이 될 가능성도 있다.

의사들의 의견은 다르다. 아직까지 원격의료는 한계가 많다는 의견이 많은 편이다. 환자 진료의 기본인 신체 검진을 할 수가 없는 상황에서 원격의료는 의미가 없다는 것이다. 더군다나 대한민국 대부분의 지역에서는 병원까지의 거리가 멀지 않은데 군이 복잡하게 원격의료를 도입해야 하는지 비판적이다.

한편 원격의료를 새로운 가능성으로 보는 의사들도 있다. 아직까지는 한계가 많지만 스마트폰이 보급되어 여러 가지 센서들이 보급된 상황을 잘 이용하면 기존 병원 시스템에서 하기 힘든 진료를 할 수도 있다는 것이다. 특히 일상생활의 관리가 중요한 만성 질환들에서 식습관, 운동, 취침 시간 관리 등을 전자 기기들을 통해서 할 수 있어 기존 병원이 해결해주지 못한 영역이 열린다는 것이다.

그런 상황에서 디지털 기기들을 이용한 의료는 다양한 분야에서 이루어지고 있다. 검사 수치 등을 스마트폰 어플리케이션을 통하여 제공하여 군이 병원에 오지 않고도 결과를 알려주는 비교적 간단한 서비스부터, 심장 활동을 분석하여 심정지의 위험이 큰 환자들을 병원에 바로 알려주는 시스템과 같이 많은 시도들이 진행되고 있다. 앞으로도 많은 시도들이 진행될 가능성이 높다.

이러한 시도들은 기존의 진료 시스템에서 얻지 못한 정보를 제공해줄 것이다. 증상이 있어 의심되어 검사를 하는 시스템 하에서는 사전에 변화를 포착해내기 쉽지 않다. 각종 센서들에 의해서 얻어진 긴 시간 동안의 연속적인 데이터들은 문제가 발생하기 전에 의심되는 여러 신호들을 제시할 수도 있을 것이다. 이는 예방 중심의 의료 흐름으로 가는 데 있어 중요한 역할을 할 것이다.

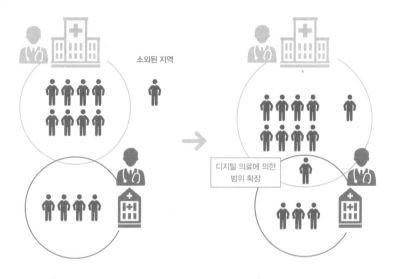

소외된 지역

디지털 의료에 의한
범위 확장

원격의료와 의료 구조 변화

때때로 이런 정보들은 기존의 의학 논리로 해결하기 어려운 것일 가능성이 높다. 기존의 의학적 접근은 지금까지 알려진 의학 지식들을 바탕으로 문제가 생긴 경우에 발생할 수 있는 현상을 설명하는 경우가 많았다. 이런 의학 세계관 하에서는 표본을 잘 뽑아 난삽한 자료들을 걸러내고 유의미한 정보들을 얻어내는 것이 중요했다. 그러나 각종 기기들로 많은 양의 정보를 얻어내는 현 시점에서는 당장 의미를 해석할 수 없는 정보를 수집하여 통계적으로 분석하는 양상으로 진행될 가능성이 높다. 소위 '빅 데이터'에 대한 접근이 중요해지는 것이다. 실제 많은 IT 거대 기업들이 비슷한 맥락에서 IT 기술을 의료에 적용하고자 하는 시도를 하고 있다.

한편 의료 서비스의 공급 방식도 중앙 집중화가 될 가능성이 높아
진다. 현재 시도되는 원격의료에 대한 우려들도 이러한 이유에서 발생
하는 경우가 많다. 원격의료가 활성화된다면 기존의 대형 병원들이 진
료 가능한 범위가 넓어질 것이고, 이는 지역의 의료기관의 생존을 위협
하여 대형 병원 위주의 독과점 체제로 갈 수 있다는 것이다. 실제 여러
원격의료 관련 사업들이 서울의 대형 병원들을 중심으로 주도되고 있
는 점을 고려할 때 충분히 가능성 있는 지적이다.

요약해보면, 디지털 기기들로 인해 변할 미래의 의료는 대체로 진
단과 예방 영역에 해당될 것으로 생각된다. 진단의 시간적·공간적 영역
이 넓어짐과 동시에 대형 기관들을 중심으로 표준화·보편화되고, 진단
발생 이전에 사전 예방하는 식으로 진료의 흐름이 바뀌어가는 것이다.

◀ 만병통치약과 분자 ▶

치료 영역에서도 여러 가지 시도들이 진행되고 있다. 그중 중요한 흐름
인 약물에 대해 확인할 필요가 있다.

약물의 역사를 되짚어보면, 초창기의 약물들은 운에 기반한 것이
나 다름없었다. 배가 아파서 먹어본 약초가 도움이 되자, 그런 약초들
을 모아 정리하여 약으로 쓰는 식이었다. 그러다 화학이 발전하면서 알
려진 약들을 구성하는 물질들이 무엇인지 조사하기 시작했고, 새로

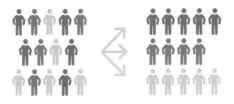

맞춤 치료

운 물질을 발견하고 필요하다면 만들어내는 식의 시도들이 이루어졌다. 그 결과 각종 항생제들이 발견되었고, 체내에서 나오는 호르몬인 인슐린과 스테로이드 등 중요한 약물들이 발견되어 인류의 건강에 기여했다.

그러나 이때까지의 시도들 역시 많은 부분 시행착오에 근거했고 한계가 있었다. 어떤 사람에게는 약이 효과가 있었지만, 어떤 사람에겐 치명적인 부작용이 발생하거나 효과가 없는 일도 비일비재하였다. 그러던 중 DNA의 구조가 확인되고 유전학이 발전하면서, 질병과 유전자가 관련이 있다는 것들이 발견되었고, 특히 암과 관련된 유전자가 주목받았다. 암세포에서 발견된 유전자의 변화들은 곧 그것을 표적으로 하는 약을 개발하는 것으로 이어졌고, 그중에 상당한 효과가 있는 약들이 발견되어 '기적의 탄환'이라는 별명으로 불리기도 했다.

그런 추세로 현대의 약물들은 보다 정밀한 방식으로 개발되고 있다. 여러 약을 시도해보고 그중에 효과가 있던 것을 추려내는 식이 아닌, 처음부터 질병이 발생하는 원리를 확인하고 표적 분자들을 지정하여 그에 맞는 약을 개발하는 식으로 진행되고 있다. 뿐만 아니라 개인마다 다른 유전자 차이를 해석하여, 약물의 효과와 독성을 예측하는 식의 여러 시도가 진행된다.

최근의 시도는 만병통치약이라는 것이 존재하지 않는다는 것을 전제로 하고 있다. 각 개인은 개인마다 다른 유전적 구성을 지니고 있으며, 그에 따라 치료가 달라져야 한다는 것이다. 사람에 따라 다른 약을 써야 할 수도 있고, 약의 용량과 용법을 조절해가야 한다는 것이다. 이런 경향들은 IT 기술의 발전과도 무관하지 않으며, 많은 분석 기술들이 적용되어 새로운 정보를 창출해내고 있다.

이와 같은 흐름이 지속된다면 의학적 지식을 얻는 방식도 달라질 것이다. 의사 개개인의 환자 진료 경험을 모아 정보를 얻어 가던 방식은 여전히 중요하겠지만, 개개인의 유전 정보가 그에 못지않게 중요해진다. 인간과 유사한 동물에 대해 실험을 하거나 특정 집단을 대표하는 사람들을 모아 잘 정제된 임상시험을 하던 기존의 방식 대신, 개개인의 세포나 조직을 배양하여 약물에 대한 정보를 얻어낼 수도 있다. 질병을 보는 시각이 사람에서 세포로, 분자로 미세화되는 것이다.

《 인공지능 》

의학이 정보의 문제로 바뀌는 순간 인공지능의 도입은 불가피해진다. 직관과 논리로만 해결할 수 없는 답들이 인공지능에 의해 해결될지도 모른다.

다양한 종류의 의학 정보들이 범람하면서 의학은 매 시각 바뀌고 해마다 새로 생기는 지식의 양이 감당할 수 없을 정도가 되고 있다. 몇십 년 전 300쪽 짜리 교과서 한 권이, 지금은 몇천 쪽이 넘는 교과서 두 권이 된 지 오래다. 그만큼 무서운 속도로 의학 정보가 늘고 있다.

　　그런 상황에서 인공지능이 답이 될 수 있다는 가능성이 제시되었다. 많은 인공지능이 의학 정보를 해석하는 데 초점을 맞추고 있다. 수많은 의학 영상을 학습시켜 판독하게 하고, 논문을 읽게 하여 진단과 치료법을 제시하는 것이다. 아직까지 그 정확성과 효용성에 대해서는 검증이 진행 중이지만, 시시각각 늘어나는 의학 정보의 속도를 고려할 때 새로운 접근들이 필요한 것은 확실해 보인다.

　　문제는 인공지능이 고도화되면 판단의 주체가 인공지능으로 넘어갈 가능성이 없지 않다는 것이다. 인공지능에 의한 진단과 치료가 경험 많은 의사보다 정확하게 된다면 의학적 결정을 내리는 주체가 인공지능이 될 수도 있다. 이에 대해서 실제로 많은 의사들이 걱정을 하면서도, 그런 일은 일어나지 않을 것이라는 양가감정을 보이고 있으며, 일반인들의 생각 역시 큰 차이는 없다.

　　인공지능의 영향력이 커지면 커질수록 생길 변화는 의료의 표준화와 중앙 집중화이다. 인공지능은 혼자서도 수많은 환자들의 의사 결정을 할 수 있기 때문에 완벽한 인공지능이 있다면 모든 의학 결정이 표준화되고, 중앙 집중화가 될 것이다. 그런 상황에서 대부분의 의료진들은 인공지능의 결정을 수행하는 단순 실무만을 하게 될 가능성도 없지는 않다.

　　인공지능 기반의 의사 결정이 적용될 분야는 생각보다 광범위할 수 있다. 진단뿐만 아니라 치료 영역에 개입할 가능성도 배제해서는 안된다. 수술이나 각종 시술에도 표준적인 수행 장비가 갖춰진다면, 적절한 의료진 보조 하에 인공지능이 주도하는 치료가 행해질 가능성도 없지는 않다.

문제는 이 경우에 책임의 주체가 누가 될 것인가 하는 점이다. 인공지능이 오진을 내려 환자에게 해를 입혔다면, 그 책임은 누가 져야 할 것인가? 인공지능을 개발한 제작사가 져야 할 것인지, 인공지능을 도입한 병원이 질 것인지, 아니면 인공지능 진료를 결정한 환자가 질 것인지 책임 소재의 문제는 결코 간과할 수 없다.

인공지능이 내린 결정을 검증하는 것 또한 문제가 될 것이다. 인간이 이해할 수 있는 수준 이상의 정보에 의해 어떤 결정이 나왔다면, 그 결정이 옳은지 틀린지를 검증하기는 매우 어려워진다. 한 번의 행위가 치명적인 문제를 야기할 수 있는 의료의 특성을 고려할 때, 인공지능이 내린 판단에 대한 검증을 어떻게 할 것인지, 그 도구는 인간이 이해할 수 있는 것으로 만들어져야 하는지에 대해서도 생각해보아야 한다.

《 의사의 미래 》

마지막으로, 의사의 미래는 어떻게 될까? 사람 대 사람으로 돌보는 의사의 필요성은 미래에도 굳건히 유지될 것이라는 의견과, 의사는 언젠가는 사라질 것이라는 의견이 팽팽하게 맞서고 있다.

누구도 그 답을 지금 알 수는 없으나, 현재까지의 흐름을 종합해 본다면 의사의 역할과 의료 체계가 변화할 방향을 어느 정도 가늠할 수 있을 것이다. 가장 예측되는 흐름은 의료의 집중화로, 거대 네트워크를 중심으로 의료 체계가 재편될 가능성이 높으며 그 가운데는 정보를 통제할 수 있는 집단이 있을 것으로 생각된다. 의학의 발전이 정보의 문제가 된 상황에서 그를 기반으로 한 기술조직이 중심이 될 확률이 높다.

그런 상황이 오면 의료 서비스는 분화가 되어 역할이 명백히 나눠질 것이다. 의사 결정이 표준화되면 진단기기를 갖춰 두고 전문적으로 진단을 하는 기관과 치료만을 전문적으로 하는 기관으로 분화가 되어 지역적으로 골고루 분포될 것이다. 의사의 역할 역시 그에 맞추어 분화된 업무를 집중적으로 수행하는 식으로 바뀔 수 있다. 일부 소수 집단만 의사 결정에 관여하는 것이다.

이러한 예측은 의료비의 상승이 전 세계적인 문제가 되고 있는 상황과 관련 깊다. 중앙 집중된 의사 결정체가 존재하게 되는 경우, 비교적 표준화된 수련 과정을 통해 많은 다수의 인력들을 운용하기 용이해지기 때문이다. 다시 말하면, 많은 경험과 시행착오가 필요한 수련 방식은 상당한 비용이 들고 소수 인력밖에 육성이 불가능하지만 적당한 수준의 기술을 지닌 의료인들은 많은 수를 안정적으로 배출해내기 쉽다는 것이다. 이는 소수의 전문가에 의해 운영되던 방식을 보다 많은 수의 준전문가 체제로 개편하는 식으로 흘러갈 가능성이 높다.

미국은 벌써부터 그와 비슷한 흐름이 보이고 있다. 미국의 의사에 의한 진료는 상당히 고가이기 때문에 일반인이 접근하기 어려우며, 그로 인한 의료 공백을 일부 의료 행위를 허가받은 간호사 등에 의해 충당하고 있다. 그와 같은 자격 제도를 통해 다수의 준전문가를 배출해 냄으로써 의료비용을 낮추고자 하는 것이다. 이러한 구조는 또 다른 전 세계적 문제인 일자리 창출과도 맞물려 있기 때문에 추진하기는 충분해 보인다.

결국 의사의 미래는 의사가 소속된 의료 구조의 변화와 관련지어 예측해야 한다. 의료 구조의 변화는 사회 전체적 변화 속에서 이루어질 것이다. 노인 인구 증가로 인한 의료비 증가, 일자리 부족, 정보 산업의 기류 속에서 의사가 그와 독립된 존재로 살아남을 수 있을 것인지 그 안에서 변화해야만 할 것인지는 신중한 결정이 필요하지만, 후자의 방향이 가능성이 높아 보인다. 그렇다면, 그 변화에 대비하고 미리 준비해야 할 것들을 고민하는 것이 발전적인 방향일 것이다.

【 전문직의 미래 】

'바둑 정복' 알파고,
이제 의료·과학 분야 무한도전 나선다
연합뉴스 2017.05.28

인공지능으로
흉부 엑스선 실시간 '판독' 시대 열려
의협신문 2017.11.29

　　의료 영역에서 알파고와 같은 인공 지능이 어떤 역할을 할 것인지에 대해
서는 모두가 의견이 다르다. 인공지능과 가장 밀접한 관련이 있을 것으로 보이
는 '영상 판독 영역'에서는 당장 모두의 관심이 뜨겁다. 결국은 의사가 해야 한
다는 의견과, 인공지능이 대체 가능하다는 의견 두 가지로 나뉜다.

　　흥미로운 점은 자신이 속한 분야에 따라 그에 대한 의견이 갈린다는 것이
다. 인공지능에 의한 영상 판독이 곧 이루어질 것이라고 주장하는 내과 의사는
내과 영역에 대해서는 인공지능이 아직 대체하기에는 이르다는 의견을 제시할
수 있다. 의학의 다른 분야는 인공지능에 의해 대체될 가능성이 높지만, 자신의
분야는 아직 대체되지 않을 것이라는 믿음은 의외로 쉽게 찾아볼 수 있다.

　　대체될지 그렇지 않을지, 대체된다면 무엇부터 대체될지에 대한 답은 지

금은 알 수 없다. 사실 인공지능이라는 개념이 나온 것은 꽤 이전부터였으며, 그때부터 인공지능에 의한 의사의 대체 가능성을 점쳐왔다. 그와 지금이 다른 것은 기술의 발전과 보다 많은 사람이 인공지능에 관심을 갖고 있다는 점일 것이다. 그에 따른 결과는 현재 진행형인 상황이다.

그러나 결국 의학과 의사의 역할은 바뀔 것으로 보인다. 인공지능이 보편화된 상황에서 의사의 역할은 지금과 같지 않을 것이며, 그때 필요한 의사의 역량은 지금과 다를 가능성이 높다. 과거 영어는 비교적 의사의 중요한 역량으로 인식되지 않았으나, 지금은 영어를 잘 하는 것은 아주 중요한 능력 중 하나로 부각되고 있다. 마찬가지로 컴퓨터를 다루는 능력도 그런 과정을 거칠 것이다.

그래서 지금 모두가 '무엇을 해야 하냐?'라는 의문을 던진다. 이는 우리의 의문이기도 하다. 대체할 것인가, 대체될 것인가의 상황에서 무엇을 하는 것이 미래를 대비하는 올바른 자세일까?

푸른들녘 미래탐색 시리즈

다양한 삶과 일터의 현장을 둘러보는 진로 체험 시리즈로 '직업=진로'라는 그릇된 인식을 바로잡기 위해 기획되었다. "나는 어떻게 살고 싶은가?"라는 물음에 답을 찾는 과정에서 먼저 개개인의 가치관을 정립하고 이에 따라 "내 인생의 방향에 맞는 일은 무엇일까?"를 탐색하는 데 구체적인 도움이 될 수 있도록 구성했다. 평생직장 개념이 사라진 21세기를 살아갈 청소년 및 청년들, 그리고 새로운 삶을 준비하는 직장인들에게 이 시리즈는 알찬 길잡이가 될 것이다.

001 열네 살 농부 되어 보기

이완주 · 정대이 · 박원만 지음 | 김선호 그림 | 372쪽

이 책은 청소년들이 텃밭 농사 체험을 통해 작물의 재배와 생산 과정 및 생장의 기반이 되는 흙의 성질을 이해하게 해주고, 자연과 함께함으로써 생태계의 원리를 깨우치며, 더 나아가 자연의 공동체성을 인식하는 새로운 시선과 열린 전망을 제공한다.

002 별을 꿈꾸다

손일락 지음 | 276쪽

저자는 '전쟁터'라 불리는 연예계에 막내아들을 아이돌 가수로 데뷔시킨 장본인으로서 청소년들이 자신만의 꿈과 목표를 세우고 그것을 이루기 위해 어떻게 노력해야 하는지 단계별로 안내한다. 성공을 꿈꾼다면 냉철한 이성으로 자신의 내면을 들여다보고, 자신의 능력과 적성을 진지하게 평가해야 한다고 조언하면서!

003 세상을 바라보는 나만의 눈, 다큐멘터리

김희철 지음 | 316쪽

다큐멘터리 감독은 현실을 깊이 관찰하여 자신만의 목소리로 가공하고 작품화하는 사람이다. 저자는 심각한 주제의식이나 시시콜콜한 이야기도 다큐멘터리의 소재가 될 수 있지만, 가장 중요한 것은 감독이 그 이야기를 통해 관객에게 어떤 메시지를 전달할 것인가 하는 점이라고 강조한다.

양효진 · 정연주 지음 | 244쪽

이 책은 글쓰기, 연재하기, 작가로 활동하기에 대한 기본적인 이해와 프로세스를 설명함과 동시에 어떻게 하면 자신에게 맞는 글감을 찾아내고, 독자의 흥미를 끌어낼 수 있는 작품을 쓰며, 참신한 이야기로 인기를 얻을 수 있는지 소개한다.

문미영 지음 | 248쪽

패션 디자이너라는 직업은 많은 사람이 생각하는 것처럼 '멋있기만 한 직업'이 아니다. 전문적인 공부도 해야 하고, 훈련도 열심히 받아야 하고, 발품도 많이 팔아야 하고, 무엇보다 끊임없이 노력해야 한다. 이 책은 옷을 좋아하고 패션에 관심이 많은 사람들을 위한 것이다.

황보현 지음 | 208쪽

명예나 돈보다는 정말로 하고 싶어서 도전하는 직업 성우는 우리말을 정확하게 표현하는 전문가이자 시각 장애인들을 비롯한 방송 소외계층에 도움을 주는 사회적인 역할과 책임을 지는 자랑스러운 직업이다. 이 책은 성우를 꿈꾸는 독자들에게 최소한의 판단 기준을 제공하는 실용적인 성우 지침서다.

007 라디오 피디; 주파수에 꿈을 담는 이야기꾼

이덕우 지음 | 243쪽

라디오는 이제 보이는 라디오, 인터넷 라디오 앱, 팟캐스트 등으로 무한 변신하며 다양한 모습으로 우리의 일상을 잠식하는 중이다. 이 책은 라디오 피디로서의 경험은 물론 미디어 산업의 전망까지 친절하게 짚어주는 안내서이다.

008 메이크업아티스트; 캐릭터를 디자인하는 개성 연출자

이나경 지음 | 340쪽

과거에는 메이크업아티스트라고 하면 '화장 잘하는 사람'이라는 인식이 지배적이었지만 최근엔 엔터테인먼트와 뷰티 분야를 아우르는 전문 직업군으로 떠오르고 있다. 실제 현장에서 어떤 일이 일어나는지, 메이크업아티스트가 되는 길과 업계에서 살아남아 전문가로 성장하려면 어떤 자질을 갖춰야 하는지 조언하는 책.

009 가든 디자이너; 삶의 풍경을 설계하다

강혜주 지음 | 264쪽

저자는 오늘도 현장에서 강렬한 햇살과 싸우며 의뢰인의 로망을 구현하는 도면 설계는 물론 정원의 식재(植栽) 같은 디테일 하나도 놓치지 않는 가든 디자이너다. 우리나라의 정원은 물론 세계의 정원이 어떻게 발전해왔는지, 현재의 모습은 어떠한지, 현장의 작업은 어떻게 이루어지는지 등을 아우르는 실용서.

임지선 지음 | 208쪽

이 책은 중학생 시절부터 기자가 되기를 꿈꾸었고, 학생기자를 거쳐 마침내 '진짜 기자'가 되어 '한 문장의 힘'을 발휘하기까지 오직 한 길만을 보고 달려온 15년차 기자가 청소년들을 위해 쓴 것으로, 직업으로서의 기자 세계를 탐색할 수 있는 친절한 안내서다.

정진화 • 이자영 지음 | 184쪽

항공 승무원은 어떤 일을 하는지, 어떻게 하면 항공 승무원이 될 수 있는지 A부터 Z까지 솔직하게 들려주는 가이드. 승무원들이 사용하는 전문 용어, 각종 이니셜의 의미, 탑승객들의 상태를 식별하는 법, 취업에 필요한 이력서와 자격 요건 갖추기 등 꼭 알아야 할 개념과 정보들을 충실하게 설명했다.

임선경 지음 | 272쪽

막내 작가부터 시작하여 메인 작가로 출사표를 던지기까지 전 과정과 실무를 다룬 친절하고 자세한 방송 작가 입문서! 소설가와 방송 작가는 어떻게 다른지, 입봉은 어떻게 하는지, 방송 대본은 어떻게 쓰는지, 방속 작가들의 수입은 어떤지 등등 실용적이고 구체적인 정보들을 소개한 지침서.

013 산악전문가; 대자연을 누비는 산악인 되기

김성기 · 박미숙 지음 | 328쪽

정식 클라이머 선수로 등록하려면 어떻게 준비해야 하는지, 클라이밍으로 대학에 진학하는 게 가능한지, 산악 관련 업종에는 어떤 것들이 있는지 등의 알찬 정보는 물론 없는 길을 만들어낸 등반가들, 자신과의 싸움이 극대화된 스포츠클라이머들의 이야기를 통해 감동과 전율까지 덤으로 얻을 수 있다..

014 항공기 조종사; 창공의 별, 조종사 진로 지침서

박지청 지음 | 336쪽

이 책에는 조종사의 전망, 기종별로 달라지는 조종사의 임무, 군 및 민항공사 조종사의 인터뷰를 통한 조종사의 실제 삶, 조종사가 될 수 있는 방법, 조종사가 되기 위한 여러 가지 노하우 및 조종사 훈련 과정 합격 비결, 궁금증을 해소할 수 있는 Q&A, 조종사에게 요구되는 덕목과 자질 등이 고루 담겨 있다. 조종사의 꿈을 현실로 만들기 위해 준비하는 모든 사람들에게 이 책은 분명 정확하고 믿음직한 나침반이 될 것이다.

015 프로그래머; 4차산업혁명을 선도하는 엔지니어

공대규 지음 | 352쪽

이 책은 프로그래밍언어, 코딩교육, 등 프로그래머를 향한 과정뿐만 아니라, 소프트웨어 회사의 종류와 사업형태, 프로그래머에게 유망한 분야 등을 함께 소개함으로써 프로그래머를 지망하는 이들에게 현실적인 잣대를 제공한다. 프로그래머를 꿈꾸는 청소년, 취업준비생, 신입 프로그래머들 모두에게 이 책은 큰 도움이 될 것이다.